Inhalt

Vorwort 5

Entstehungsgeschichte der IG-Farben 13

Wer war Hermann Schmitz? 17

Der Anteil der IG-Farben an der Zerstörung der
Weimarer Republik 25

Die IG-Farben AG im Faschismus 35

    Unterstützung faschistischer Verbände 37

    Finanzierung faschistischer Propaganda 38

    Tarnung von Auslandsunternehmungen 40

    Errichtung eines Spionageringes 42

    Im Vierjahresplan 43

    Neuordnung Europas 47

    Konzentrationslager Auschwitz 61

    Gewinnentwicklung der IG-Farben 76

Die Rolle von H. Schmitz im Faschismus 86

Der IG-Farben-Prozeß 95

Restaurierung der Macht der IG-Farben 105

Literaturnachweis 113

Vorwort

Am 30. Januar 1978 jährte sich zum 45. Mal der Tag der Errichtung einer faschistischen Diktatur in Deutschland. Mit diesem Datum ist der ‚Einbruch' von Not und Elend über die deutsche Bevölkerung verbunden. Ein von deutschem Boden aus entfesselter Krieg hinterließ Millionen von Toten, Verstümmelten und ein Europa in Trümmern. Nun ist zwar der deutsche Faschismus vor über 30 Jahren zusammengebrochen, faschistische Regimes gehören aber noch immer nicht der Vergangenheit an. Erinnert sei in diesem Zusammenhang nur an die Errichtung faschistischer Diktaturen in Griechenland 1967 und in Chile 1973. Aber auch in der Bundesrepublik gibt es nach wie vor Kräfte, die mit dem Faschismus noch nicht gebrochen haben und die unter bestimmten politischen Konstellationen und Bedingungen dazu bereit sein könnten, ein ähnliches Herrschaftssystem zu errichten.

Von dieser Behauptung ausgehend wird es dann aber zu einer Existenzfrage für alle Demokraten und Antifaschisten in unserem Lande, etwas über die Hintergründe und den Aufstieg faschistischer Herrschaftssysteme, insbesondere über die Entstehungsbedingungen des deutschen Faschismus zu erfahren. Nur dann wird es möglich sein, durch rechtzeitiges, gemeinsames Handeln einen erneuten Faschismus mit all seinen grausamen Begleiterscheinungen verhindern zu können. Die dazu notwendige Aufarbeitung dieses Kapitels deutscher Geschichte sollte eigentlich die Aufgabe unserer Schulen sein. Eine vor kurzem veröffentlichte, repräsentative Auswertung von über 3000 Schüleraufsätzen zu dem Thema „Was ich über Adolf Hitler gehört habe..." belegt jedoch eine erschreckende herrschende

Unwissenheit der heutigen Jugend über die Geschichte des deutschen Faschismus.[1] Zu dieser Erkenntnis gelangte man zu einer Zeit, wo unser Land nun seit einigen Jahren schon von einer sogenannten ‚Hitlerwelle' überschwemmt wird. Schon hieraus läßt sich schließen, daß deren Zwecksetzung keineswegs in der Vermittlung von fundierten Kenntnissen über die Voraussetzungen und Bedingungen für die Errichtung des deutschen Faschismus bestehen kann. Was dann aber ist deren Zwecksetzung? – Um eine Antwort hierauf finden zu können, müssen wir uns kurz den Entstehungsbedingungen dieser ‚Hitlerwelle' zuwenden.

Zeitlich gesehen setzt sie genau an dem Punkt ein, wo die wachsende Krisenhaftigkeit des bundesrepublikanischen Kapitalismus für jedermann erkennbar wurde. Die damit verbundenen Begleiterscheinungen wie z. B. die steigende Arbeitslosigkeit, die Einführung von Kurzarbeit und sozialer Abbau, verstärkten innerhalb der Bevölkerung die Diskussion über gesellschaftliche Alternativen zur vorherrschenden Wirtschaftsordnung. Eine, wie sich inzwischen aber herausstellte, auf Dauer angelegte Krise zwingt jedoch die in der Bundesrepublik herrschenden Kräfte und Kreise zur Unterdrückung solcher Alternativdiskussionen. Dazu dient ihnen u. a. auch der 1972 eingeführte Radikalenerlaß. Er soll all denjenigen Bürgern unseres Landes den Zugang zum öffentlichen Dienst verwehren, die in unserem Grundgesetz keine Verbindlichkeit auf eine sogenannte ‚Freie Marktwirtschaft', also eine kapitalistische Wirtschaftsordnung, finden können. Gleichzeitig ist das Großkapital in unserem Lande jedoch darüber hinaus bemüht, wirkungsvollere Herrschaftsformen zur Sicherung ihrer Profitinteressen durchzusetzen. Auf diesem Hintergrund wird dann die Funktion der mit enormem Geldaufwand geförderten ‚Hitlerwelle' deutlich: reaktionäre – ja faschistische Herrschaftsformen sollen wieder salonfähig gemacht werden. Denn war es nicht Hitler, dem es gelang, das „Deutsche Reich" von den Begleiterscheinungen der ersten Weltwirtschaftskrise wie Massenarbeitslosigkeit und der damit verbundenen aufkommenden Not und Unordnung zu befreien? In diesem Sinne schrieb auch Springers ‚Welt' zu Beginn der letzten Krise: „Heute indessen hält man Hitler nicht mehr für den Abschaum und Abfall einer Epoche, sondern für eine ihrer großen Kräfte... Heute, da die liberalen Versionen der Lebensregelung fast ausgereizt sind, da die Frage nach der Ordnung sich oft herrisch stellt und teils ideologisch, teils chaotisch beantwortet wird, wächst das Interesse an jedem wichtigen Gegenstand der eigenen Vergangenheit, auch an Hitler... Wird man Hitler vielleicht auch wegen anderer Dinge als der Autobahnen schätzen lernen?"[2]

In die gleiche Richtung zielt das bisher aufwendigste Produkt der gegenwärtigen ‚Hitlerwelle', die Verfilmung des vom Mitherausgeber der „Frankfurter Allgemeinen Zeitung" Joachim C. Fest veröffentlichten Buches ‚Hitler – eine Karriere'. Dieser Film plädiert für die Durchsetzung von Autorität und Ordnung von oben als den Ausweg aus der Wirtschaftskrise. Da es aber immer Kräfte geben wird, die sich dagegen wehren, muß jene Ordnung unter Anwendung von Terror durchgesetzt werden, wie der Film dezent andeutet.[3] Diese Verfilmung, die mit dem Prädikat ‚Besonders wertvoll' ausgezeichnet wurde, leistet für die herrschenden Kräfte in unserem Land noch eines: sie verschleiert die organisatorische und personelle Übereinstimmung zwischen den den Faschismus und den die Bundesrepublik tragenden Macht- und Interessengruppen. ‚Besonders wertvoll' ist dieser Film also vor allem für all jene, die nach 1945 vom Militärgerichtshof in Nürnberg als Kriegsverbrecher verurteilt wurden, wie z.B. die Herren Flick, Krupp, Schmitz und Thyssen. Weder ihre Namen, noch ihre ausschlaggebende Rolle als Führungskräfte des deutschen Großkapitals bei der Errichtung und während der Diktatur des deutschen Faschismus werden auch nur an einer Stelle des Filmes erwähnt.

Damit sind wir nun auf ein Merkmal gestoßen, das in der westdeutschen Geschichtsschreibung vorherrschend ist: nämlich die Tatsache, daß die Geschichte des deutschen Faschismus weitgehend auf Hitler, die faschistische Führungsclique und seine Massenanhängerschaft reduziert wird. Eine solche Art der Geschichtsschreibung erfolgt im Interesse der in der Bundesrepublik herrschenden großkapitalistischen Kräfte. Denn diese sind nach wie vor nicht daran interessiert, daß die demokratische Öffentlichkeit über die Beteiligung des Großkapitals bei der Errichtung des deutschen Faschismus und während der faschistischen Diktatur an den Verbrechen an der Menschlichkeit informiert wird. Deshalb wird auch ihre tatsächliche Rolle im Faschismus bei der Darstellung dieser Problematik in der Geschichtsschreibung ausgeklammert bzw. peinlichst vermieden. Einschätzungen beschränken sich meistens auf die Wertung der Rolle des Kleinbürgertums und deklassierter Teile der Arbeiterklasse[4] im Faschismus – wobei diesen Kräften eine wesensbestimmende Position zugeschoben wird.

Georgi Dimitroff charakterisierte auf dem VII. Weltkongreß der kommunistischen Internationale 1935 in Moskau die Machtbasis des deutschen Faschismus mit folgenden Worten: „Der Faschismus an der Macht, ist...die offene, terroristische Diktatur der reaktionärsten, am meisten imperialistischen Elemente des Finanzkapitals."[5] Damit wird keineswegs die Bedeutung einer faschistischen Massenanhängerschaft geleugnet, besonders wenn es darum geht, auf welche Weise der Faschismus errichtet werden soll. Es wird aber abgelehnt, schon hieraus auf seinen Klassencharakter schließen zu können. Ausschlaggebend hierfür ist alleine die Erkenntnis, daß ein faschistisches Regime mehr als jedes andere den Interessen der großen Kapitale dient. Deren Vertreter werden immer dann die Errichtung eines Faschismus anstreben, wenn die bestehende Herrschaftsform ihren Profitinteressen nicht mehr gerecht wird. Somit ist der Machtantritt des Faschismus „die Ablösung einer Staatsform der Klassenherrschaft der Bourgeoisie, der bürgerlichen Demokratie, durch eine andere, durch die offene terroristische Diktatur".[6] Eine faschistische Massenbewegung mag zwar die Errichtung eines Faschismus erleichtern, aber sie bewirkt sie letztendlich nicht.[7] Das Wesen des Faschismus ist also Terror als Herrschaftssystem im Interesse der reaktionärsten Kräfte innerhalb der herrschenden Klasse.

Was nun die Interessen der deutschen Monopole waren, die zur Zerstörung der Weimarer Republik und zur Errichtung der faschistischen Diktatur geführt haben, ist Gegenstand der folgenden Ausführungen. Dabei wird sich beschränkt auf eine Darstellung der Interessen der IG-Farben AG, jenes Monopols, das schon vor 1933 den größten Teil der chemischen Industrie im Deutschen Reich repräsentierte und dessen Vorstandsmitglied Georg von Schnitzler sich am 8. August 1945 zu dem Eingeständnis gezwungen sah, „daß die IG-Farben weithin für Hitlers Politik verantwortlich ist".[8]

Parallel dazu soll die Karriere eines Mannes nachgezeichnet werden, der maßgeblich dazu beitrug, daß Hitler das werden konnte, was die bürgerlichen Faschismustheoretiker wie Joachim C. Fest wissentlich verschweigen, eben lediglich Werkzeug zur Schaffung besserer Verwertungsbedingungen für das deutsche Monopolkapital zu sein. Dieser Mann ist Hermann Schmitz, der ehemalige Vorstandsvorsitzende der IG-Farben. In diesem Sinne erklärte noch 1947 der amerikanische Senator Claude Pepper in seinem Vorwort zu Richard Sasulys Buch ‚IG-Farben': „Nicht so sehr die Braunhemden Adolf Hitlers, die großmäulige SA, waren im eigentlichen Sinn die Kriegstreiber in Deutschland, als vielmehr die dezent gekleideten und scheinbar ehrenhaften Typen eines Hjalmar Schacht oder Hermann Schmitz, des Generaldirektors der IG-Farben."[9] Trotz seiner außerordentlich wichtigen Bedeutung für den Verlauf der jüngsten deutschen Geschichte wird man Hermann Schmitz in keinem historisch-biographischen Nachschlagewerk unserer Zeit auffinden können. Und auch die immer zahlreicher werdende Literatur, die vorgibt, einen Beitrag zur Aufarbeitung des deutschen Faschismus zu leisten, bringt fast durchgängig keinerlei Ausführungen über die Aktivitäten von Hermann Schmitz im deutschen Faschismus. Dabei handelt es sich keineswegs um eine peinliche Panne innerhalb der bürgerlichen Geschichtsschreibung, sondern vielmehr um einen Beleg dafür, daß die herrschende Geschichtsschreibung immer diejenige der Herrschenden ist, die noch nie bereit waren, den Volksmassen freiwillig Einblick in ihre Vorstellungen zur Profitmaximierung zu gewähren. Gerade Hermann Schmitz war bei all seinen Unternehmungen äußerst vorsichtig und versuchte sie der Öffentlichkeit vorzuenthalten. Wie die Ermittlungen der amerikanischen Anklagebehörde nach dem 2. Weltkrieg ergeben haben, war er schon so vorsichtig, daß selbst seine private Chefsekretärin über vieles nicht Bescheid wußte, für das er verantwortlich zeichnete.[10] Auf die Frage: „Warum sollte Schmitz aus der Stellung im Dunkeln, der Stellung des ‚Geheim'-Rats, heraustreten in den Scheinwerferkegel der öffentlichen Kritik?"[11], können wir heute weit mehr Ausführungen machen, wie dies in Ansätzen schon 1932 (!) für Helmuth Wickel[12] möglich war. Denn mit der Niederlage des deutschen Faschismus sind der Öffentlichkeit erstmals – besonders durch die Nachfolgeprozesse gegen führende Vertreter der Industrie vor dem US-Militärgerichtshof in Nürnberg – zahlreiche Quellenmaterialien zugänglich geworden, die Auskunft über die Beteiligung, gerade auch von leitenden Direktoren der IG-Farben AG, an der Errichtung und Durchführung des deutschen Faschismus geben. Von der bundesrepublikanischen Geschichtsschreibung, die Quellenstudium sonst zum Fetisch macht, sind bei der Analyse des deutschen Faschismus diese Quellen fast durchgängig ignoriert worden.

Im letzten Teil dieser Arbeit wird nochmals kurz darauf eingegangen werden, wie es der IG-Farben AG ermöglicht wurde, erneut zu einem bedeutenden Machtfaktor innerhalb der Bundesrepublik, aber auch über deren Grenzen hinaus werden konnte. Es wird belegt werden, daß die IG-Farben Nachfolgegesellschaften nach wie vor eine akute Gefahr für den Bestand der bürgerlichen Demokratie und für eine friedliche Zukunft aller Völker dieser Erde darstellt.

Der Verfasser ist allen, die ihn beim Abfassen dieser Arbeit durch kritische Ratschläge unterstützt haben, insbesondere Herrn Prof. Dr. Gerhard Kade, Darmstadt, und Herrn Dr. Reinhard Opitz, Köln, zu Dank verpflichtet.

1 Vgl. Dieter Boßmann (Hrsg.), Was ich über Adolf Hitler gehört habe..., Frankfurt am Main 1977; Der Spiegel, Nr. 34/1977.
2 Die Welt, 1. 10. 1973.
3 Vgl. hierzu die Filmbesprechung von Reinhard Kühnl, abgedruckt in: Deutsche Volkszeitung, Düsseldorf, Nr. 29/1977.
4 In diesem Zusammenhang sei noch darauf hingewiesen, daß die NSDAP keine Massenbasis in der Arbeiterschaft hatte. So kamen z.B. 1930 nur 8,5% ihrer Mitglieder aus der Arbeiterschaft, die aber den größten Anteil an der Gesamtbevölkerung darstellte, vgl. dazu Reinhard Kühnl, Formen bürgerlicher Herrschaft I, Hamburg 1971, S. 82.
5 Georgi Dimitroff, Die Offensive des Faschismus und die Aufgabe der Kommunistischen Internationale – Referat auf dem 7. Weltkongreß der Komintern, 1935 in Moskau; abgedruckt in: VII. Kongreß der Kommunistischen Internationale, Referate und Resolutionen, Frankfurt am Main 1975, S. 93.
6 Ebenda, S. 94.
7 Vgl. Gert Hautsch, Faschismus und Faschismusanalysen, Frankfurt am Main 1974, S. 55 f.
8 MGN, IG-Farben-Prozeß, Dok. NI-5196; zit. nach: Nationalrat der nationalen Front des demokratischen Deutschland – Dokumentationszentrum der staatlichen Archivverwaltung der DDR: Braunbuch Kriegs- und Naziverbrecher in der BRD, Berlin 1965, S. 19.
9 Richard Sasuly, IG-Farben, Berlin 1952, S. 19 f.; dem Verfasser lag auch die 1947 in New York veröffentlichte Originalausgabe vor. Die im folgenden aufgeführten Zitate beziehen sich jedoch immer auf die deutsche Übersetzung. Obwohl dieses Buch formalwissenschaftlichen Anforderungen nicht gerecht wird, sind den darin gemachten Ausführungen dennoch große Bedeutung beizumessen. Denn Sasuly konnte als Vertreter der amerikanischen Anklagebehörde im IG-Farben-Prozeß damals noch Einsicht in alle Unterlagen des Konzerns nehmen.

10 Ebenda, S. 117.
11 Helmuth Wickel, IG-Deutschland – Ein Staat im Staate, Berlin 1932, S. 208.
12 Helmuth Wickel ist ein Pseudonym des Journalisten Dr. Erwin Topf, der unter seinem richtigen Namen für das ‚Berliner Tagblatt' tätig war. Unter einem anderen Decknamen, Jan Bargenhusen, schrieb er in der ‚Weltbühne' (Hrsg. war der an den Folgen der in der KZ-Haft erlittenen Folterungen verstorbene Carl von Ossietzky). In dem im SPD-Verlag ‚Der Bücherkreis' veröffentlichten Buch zeigte Topf den Machteinfluß der IG-Farben auf und wies auf die damit verbundenen Gefahren hin. Sein Buch wurde deshalb vom Chemiekapital als Hetzschrift gegen die Industrie diffamiert, so in: Farben und Lacke, Hannover 1932, S. 618.

Entstehungsgeschichte der IG-Farben

Die Geschichte der Entstehung der IG-Farben ist untrennbar verbunden mit der Geschichte der Entwicklung der organischen Chemie. Die einzelnen Stammfirmen, aus deren Zusammenschluß die spätere „Interessengemeinschaft" hervorgehen sollte, sind alle in den sechziger Jahren des vorigen Jahrhunderts gegründet worden. Sie verdanken ihre Entstehung dem technisch-industriellen Fortschritt auf dem Gebiete der Teerfarbenstoffe. Die ersten wirtschaftlichen Schwierigkeiten, die zwischen diesen Firmen auftauchten, waren kostspielige Patentstreitereien. Hierdurch entstand bereits sehr früh der Gedanke an eine Interessengemeinschaft mit dem Ziel, die Konkurrenz zwischen den verschiedenen Unternehmungen auszuschalten. Im Jahre 1904 schlossen sich jedoch nur die folgenden drei Firmen zu einer losen Interessengemeinschaft zusammen: Aktiengesellschaft für Anilinfabrikation, Berlin; Badische Anilin- und Sodafabrik, Ludwigshafen am Rhein; Farbenfabriken vorm. Friedr. Bayer & Co., Elberfeld.

Diese erste, sehr lose Form der Interessengemeinschaft beschränkte sich jedoch nur auf die Ausschaltung der Konkurrenz untereinander sowie auf den Austausch von Erfahrungen. Der ständig anhaltende Fortschritt in der Chemie erlaubte es nun den deutschen Chemieunternehmen, zahlreiche Erfolge auf den Gebieten der Arzneimittelproduktion und der Pulver- und Sprengstoffproduktion zu erzielen. Nach dem Haber-Bosch-Verfahren war die synthetische Herstellung von Salpeter als Basis für die Sprengstoffproduktion möglich geworden. Um sich neue Absatzmärkte zu schaffen, beteiligte sich die chemische Industrie mit der Schwerindustrie an der Vorbereitung und Durchführung des Ersten Weltkrieges. Zur reibungslosen Gestaltung der Absatzbedingungen für die Chemiekonzerne wurde dann 1916 die „Interessengemeinschaft der deutschen Teerfabriken" gegründet, der neben den bereits erwähnten Unternehmen noch folgende Firmen beitraten: Leopold Cassella & Co. GmbH, Frankfurt am Main; Chemische Fabriken Griesheim-Elektron, Frankfurt am Main; Chemische Fabriken vorm. Weiler-ter Meer, Uerdingen; Farbwerke vorm. Meister Lucius & Brüning, Höchst am Main; Kalle & Co. AG, Wiesbaden-Biebrich.

Die Mitgliedsfirmen dieser Interessengemeinschaft, für die sich in der folgenden Zeit die kurze Bezeichnung IG einbürgerte, blieben jedoch weiterhin rechtlich selbständig. Das Ende des Ersten Weltkrieges brachte eine Niederlage für die deutschen Konzerne mit sich. In den Kriegsauseinandersetzungen war es auch nicht zu verhindern, daß der sogenannte Feind sich zahlreicher Patente deutscher Firmen bemächtigte. Die dadurch im Ausland aufkommende Konkurrenz stellte eine Bedrohung für die Absatzmärkte der Interessengemeinschaft dar. Die deutsche chemische Industrie war damit nicht mehr allein für die Belieferung des Weltmarktes zuständig. Jene Position zurückzugewinnen, verlangte ein einheitliches Vorgehen gegenüber der ausländischen Konkurrenz und den inländischen Kleinbetrieben. Um die ausländischen Absatzmärkte zurückerobern zu können wurde es notwendig, besser und vor allem billiger zu produzieren. Dazu mußte eine Neuorganisierung der einzelnen Unternehmungen durchgeführt werden, die ja alle noch eine eigenständige Geschäftsführung hatten. So wurde im Dezember 1925 die IG-Farbenindustrie AG gegründet. Die Badische Anilin- und Sodafabrik in Ludwigshafen am Rhein hatte dazu ihren Firmennamen in die obengenannte Bezeichnung abgeändert und sich mit den noch verbliebenen, führenden deutschen Chemiekonzernen verschmolzen. „Im Jahre 1926 war die Verschmelzung mit einem Aktienkapital von 1,1 Milliarden Reichsmark durchgeführt, einer Summe, die dreimal so hoch war wie das Aktienkapital aller anderen deutschen chemischen Konzerne von einiger Bedeutung zusammengenommen."[1] Die IG-Farben war damit zu einer bedeutenden Macht im deutschen Wirtschaftsleben geworden und das Chemiekapital begann, die alte Macht der Schwerindustrie zu verdrängen. Das Produktionsprogramm der IG-Farben war in folgende drei Sparten geordnet[2]:

Sparte I: Stickstoff, Methanol, synthetische Kraftstoffe und Öle, Schmiermittel, Metallcarbonyle, Nickel; ferner Steinkohlen und Braunkohlen aus IG-Grubenbesitz.

Sparte II: Schwerchemikalien, Pigmente, Magnesium, organische Zwischenprodukte, Farbstoffe und Pharmaceutica, Schädlingsbekämpfungsmittel, Lösungsmittel, Weichmacher, Kunststoffe, synthetischer Kautschuk, Waschmittel, synthetische Gerbstoffe, komprimierte Gase, autogene Schweiß- und Schneideapparaturen.

Sparte III: Photographische Artikel (Amateur- und Kinofilm, Platten, Papier, Kameras, Filmgeräte), Cellulose, Kunstseide und Kunstfasern, Celluloid, Vulkanfiber, Kunststoffverarbeitung.

Allein diese Breite der Produktion belegt die enorme Bedeutung der IG-Farben für die deutsche Wirtschaft. Das gigantische Ausmaß dieses Monopols wird in einer 1927 über die IG-Farben veröffentlichten Broschüre deutlich: „Der gewaltige Umfang sowie die weltumspannenden Interessen und Verbindungen der IG-Farbenindustrie AG lassen es für den Außenstehenden unmöglich erscheinen, sich auch nur annähernd richtige Vorstellungen von diesem einzigartigen wirtschaftlichen Gebilde zu machen."[3] Weiter werden in der gleichen Broschüre über 75 inländische Betriebe aufgeführt, die ganz oder teilweise zur IG-Farben gehören. Die Zahl der ausländischen Betriebe, die zur IG-Farben gehörten oder an denen sie beteiligt war, steht dem kaum nach.[4] In ihrer Geschichte gehörten zur IG-Farben „400 deutsche Firmen, und zwar ganz oder teilweise, und ungefähr 500 Firmen in anderen Ländern. Die IG kontrollierte mehr als 40 000 wertvolle Patente."⁵ Diese Tatsachen veranlaßten die Anklagebehörde im Nürnberger Nachfolgeprozeß Fall 6 von der IG-Farben als einem „Staat im Staate" zu sprechen.⁶

1 Das Urteil im IG-Farben-Prozeß, Offenbach 1948, S. 6; auch abgedruckt in: Hans Radandt: Fall 6 – Ausgewählte Dokumente und Urteil des IG-Farben-Prozesses, Berlin 1970, S. 175; alle folgenden Angaben zum IG-Farben-Prozeß beziehen sich auf den 1948 in Offenbach erschienenen Abdruck.
2 Vgl. W. O. Reichelt, Das Erbe der IG-Farben, Düsseldorf 1956, S. 34 f.
3 Schwarz, Goldschmidt & Co. (Hrsg.), Die IG-Farbenindustrie AG und ihre Bedeutung, Berlin 1927, S. 5.
4 Ebenda, S. 67 ff.
5 Das Urteil im IG-Farben-Prozeß, S. 6.
6 Vgl. ebenda, S. 6.

Wer war Hermann Schmitz?

Hermann Schmitz wurde am 1. Januar 1881 in Essen an der Ruhr geboren. Nach dem Besuch der Oberreal- und der Handelsschule absolvierte er eine Kaufmannslehre beim Waldhausenkonzern in der Montanindustrie. Die Karriere von Hermann Schmitz begann bereits 1906 mit seinem Eintritt in die „Metallbank", die mit „dem vor dem Krieg die ganze Welt umspannenden Konzern der ‚Metallgesellschaft' in Frankfurt am Main"[1] verbunden war. Bereits mit 25 Jahren hatte Hermann Schmitz das Amt eines Direktors bei der Metallbank inne. Und auch der sich anschließende Aufstieg innerhalb der Metallgesellschaft war beachtlich. Hermann Schmitz „war zuerst im Privatsekretariat des Chefs der Firma, Wilhelm Merton, beschäftigt, aus dem eine ganze Reihe bekannter internationaler Unternehmer und Finanzleute hervorgegangen sind. Neben Hermann Schmitz waren bei der Metallgesellschaft der spätere New Yorker Bankier C.M. Loeb, der Londoner Bankier A.G.C. Villiers, Teilhaber des eineinhalb Jahrhunderte zählenden Bankhauses Baring Brothers, ... und viele andere (unter ihnen zwei Jahre lang auch Geheimrat Hugenberg) tätig. Schmitz rückte sehr schnell auf. Er wurde erster Revisor (und) 1910 stellvertretendes Vorstandsmitglied des Konzerns."[2] Ausschlaggebend für diesen ungewöhnlichen Aufstieg waren die skrupellosen Verhandlungstaktiken, welche Hermann Schmitz für die Interessen des deutschen Kapitals äußerst brauchbar machten. So war er es auch gewesen, der als Direktor der Metallbank im Aufsichtsrat zahlreicher ausländischer Aktiengesellschaften vertreten war, und dem es durch geschicktes Handeln gelang, z.B. „den Bleipool zu schaffen, mit dem dem Konzern der Metallbank der Einfluß auf das gesamte spanische Bleigeschäft gesichert wurde. Auch die Rothschilds mußten sich damals der überlegenen Verhandlungstaktik beugen."[3] Im Ersten Weltkrieg wirkte Hermann Schmitz zunächst als Leutnant d. R. beim aktiven Infanterie-Regiment 81. Für seine dortige Kriegstätigkeit wurde er mit dem Eisernen Kreuz 1. und 2. Klasse ausgezeichnet. Nach seiner dritten Verwundung war er nicht mehr an der Front. An der Durchführung des Ersten Weltkrieges beteiligte er sich jedoch weiterhin. Und zwar maßgeblicher als zuvor. Hermann Schmitz wurde nämlich einer der engsten Mitarbeiter von Walter Rathenau, dem Leiter der deutschen Kriegswirtschaft.[4] Als Kommissar im preußischen Kriegsministerium[5] konnte er nun wieder im Interesse der Rüstungsindustrie – hier hauptsächlich im Interesse der Metallgesellschaft, wo Schmitz dann auch 1917 ordentliches Vorstandsmitglied wurde – tätig werden. Hermann Schmitz hat aber bereits dort die immer größer werdende Bedeutung der Chemie für die Kriegsproduktion erkannt. Deshalb wirkte er als Kommissar im Kriegsministerium auf eine staatliche Unterstützung des Ausbaus der synthetischen Stickstofferzeugung ein. In einem Schreiben von Schmitz aus dem Jahre 1916 heißt es hierzu: „Die in Merseburg zur Zeit im Bau befindliche Tochterfabrik der BASF Ludwigshafen wird nach ihrer Inbetriebnahme das wichtigste Glied in der Stickstoffversorgung Deutschlands für Munitionszwecke sein. An der denkbar frühzeitigen Fertigstellung der Fabrik hat das Heer das allergrößte Interesse."[6] Um einen Einfluß auf die Verteilung von Steuergeldern zu erlangen, wurde Hermann Schmitz zusätzlich noch wirtschaftlicher Beirat im Reichsschatzamt. Diesen Posten hatte er von 1917 bis 1918 inne.[7] Die Folgen des Ersten Weltkrieges – eine Niederlage für den deutschen Imperialismus; für Schmitz bedeutete dies den Verlust aller Direktorensitze, die er zuvor in ausländischen Firmen innehatte – waren es, die Hermann Schmitz, getarnt als Sachverständiger der Reichsregierung, zu den Verhandlun-

Hermann Schmitz

aus: *Von Werk zu Werk, 32. Jahrgang Januar 1941, S. 2*

gen nach Versailles führten.

Ein gleiches Interesse – die wirtschaftliche Reorganisierung der deutschen Monopole – war es, das Hermann Schmitz mit führenden Vertretern der damals noch losen Interessengemeinschaft in Versailles zusammenbrachte. Und so traf er dann auch „während der schweren Existenzkämpfe der deutschen Wirtschaft anläßlich der Verhandlungen bei dem Diktat von Versailles... zum erstenmal mit Carl Bosch zusammen".[8] Eben dieses bereits erwähnte gleiche Interesse war es, das Carl Bosch veranlaßte, Schmitz, dessen Verhandlungspraktiken in eingeweihten Kreisen bekannt und geachtet waren, für die Badische Anilin- und Sodafabrik bzw. die damals lose Form der Interessengemeinschaft zu gewinnen.

Und so ist die offizielle Rückkehr von Schmitz in die Privatindustrie gekennzeichnet durch seinen Eintritt in die BASF im Jahre 1919. Gleichzeitig blieb jedoch Hermann Schmitz weiterhin Aufsichtsratsmitglied in der Metallgesellschaft. Um das erklärte Ziel, den Wiederaufbau der deutschen Wirtschaft, möglichst reibungslos und schnell zu verwirklichen, mußte die immer noch bestehende, eigenständige und unkoordinierte Produktion der einzelnen Chemieunternehmungen beseitigt werden. Von dieser Erkenntnis geleitet, waren es neben Hermann Schmitz vor allem Carl Duisberg und Carl Bosch, die auf die Gründung einer IG-Farben AG hinwirkten. Hermann Schmitz übernahm nach der Gründung dieses größten deutschen Monopols darin den wichtigsten Posten, die Leitung der Finanzen. Dabei zeigte er als erster Unternehmer, „daß man auf dem Instrument der Börse auch ohne die Unterstützung der Banken spielen kann".[9] Als die IG-Farben 1928 beschloß, für 250 Millionen Mark Aktien auszugeben, war der günstigste Zeitpunkt zur Unterbringung an der Börse schon vorbei. So trieb Schmitz „bei der Emission der Obligationen (Ausgabe von Aktien – K. S.) Spekulation, indem er den Kurs der Farbenaktie, die längst von ihrem Höchststand von

384,5, den sie einmal im Jahre 1926 erreicht hatte, heruntergeklettert und im Jahre 1927 schon auf 238,5 gesunken war, durch vorzeitige Ankündigung einer Dividendenerhöhung (ein an die Aktionäre gezahlter Profitanteil – K.S.) von 10 auf 12 Prozent in die Höhe trieb und damit auch den Kurs der Obligationen".[10]

Durch das beschriebene Manöver konnten im Sommer 1928 Aktien im Werte von etwa 35 Millionen Mark auf dem Markt untergebracht werden. Die weitere Finanzpolitik von Schmitz bewirkte ein Fallen der Kurse dieser ausgegebenen Aktien, wobei die Käufer erheblich an Geld verloren. Die folgenden Jahre hat Hermann Schmitz dazu benutzt, IG-Aktien für den Trust zurückzukaufen, womit er allerdings – wie aber damals bei allen Großen in der Wirtschaft üblich – gegen den Paragraphen 226 Absatz 1 des Handelsgesetzbuches verstoßen hat.[11] Durch diese Art der Finanzpolitik „hatte die IG 1930 und 1931 (im ganzen) Aktien im Nominalwert von 86 Millionen Mark bei sich behalten, wofür sie natürlich keine Dividenden zu zahlen brauchte. Bei einer Dividende von 12 Prozent macht das eine Ersparnis von rund 10 Millionen Mark aus."[12]

Wollten wir die Tätigkeit von Hermann Schmitz jedoch „nur" als die des Finanzministers der IG-Farben charakterisieren, so würden wir seinen Aktivitäten nur unzureichend gerecht. Vielmehr setzte Schmitz selbstverständlich auch seine bereits oben erwähnten, für das Kapital brauchbaren Qualifikationen im Interesse der IG-Farben ein. Ein Beispiel dafür ist die von ihm praktizierte Stickstoffpolitik.

Die im Ersten Weltkrieg von der BASF nach dem Haber-Bosch-Verfahren aufgenommene Produktion von synthetischem Stickstoff, der damals der Sprengstoffindustrie als Rohstoff diente, wurde anschließend zur Versorgung der Landwirtschaft mit Düngemitteln fortgesetzt und ausgeweitet. Während der bis 1924 erzeugte Stickstoff gerade zur Deckung der Inlandsnachfrage ausreichte, gelang es der IG-Farben 1925 erstmals, einen Produktionsüberschuß zu erzielen. Damit war auch die IG-Farben zu einem Anbieter von Stickstoff auf dem Weltmarkt geworden. Da bisher „die Gesamtnachfrage nach Stickstoffdünger auf dem Weltmarkt so gut wie ausschließlich durch chilenischen Stickstoff, britische Erzeugung von Nebenproduktstickstoff und eine verhältnismäßig kleine Tonnage norwegischen, durch ein besonderes Bogenverfahren hergestellten Nitrats gedeckt"[13] wurde, wirkte diese, von der IG-Farben eingeführte, billigere Möglichkeit Stickstoff herzustellen in Richtung einer Verschärfung der Konkurrenz um Absatzmärkte auf dem Weltmarkt. Dies hätte unweigerlich einen Fall der Preise für Stickstoff zur Folge gehabt, woran verständlicherweise keiner der Stickstofflieferanten interessiert sein konnte. Deshalb entstand in dieser Situation das Interesse an internationalen Preisabsprachen bei den Stickstoffanbietern. Diese Absprachen sollten über ein internationales Stickstoffkartell geregelt werden. So organisierte im Frühjahr 1930 das von der IG-Farben beherrschte Deutsche Stickstoffsyndikat in Zusammenarbeit mit dem britischen Konzern IMPERIAL CHEMICAL INDUSTRIES LIMITED (ICI) und dem norwegischen Stickstoffanbieter NORSK HYDRO eine Konferenz mit allen bedeutenden Stickstoffindustrien der westlichen Welt. Bei den dortigen Verhandlungen zur Gründung eines internationalen Stickstoffkartells hatte Hermann Schmitz von der IG-Farben führenden Anteil.[14] Durch seine Aktivitäten gelang es der IG-Farben den größten Einfluß auf das Kartell zu sichern. Denn Schmitz wurde einstimmig zum Präsidenten dieses neugegründeten Internationalen Stickstoffkartells gewählt.[15] Mit der sich verschärfenden Weltwirtschaftskrise zerbrach dieses Kartell wieder. Der dadurch möglich gewordene „freie Wettbewerb" bewirkte allerdings ein Sinken der Stickstoffpreise um 50 bis 60 Prozent[16] und führte deshalb schon kurze Zeit später, zu Beginn der faschistischen Diktatur, zu seiner Neugründung. Hermann Schmitz blieb Präsident dieses Internationalen Stickstoffkartells während dessen gesamter Lebensdauer.[17]

Die mit der Herstellung synthetischen Stickstoffs verbundene Konkurrenzverschärfung bewirkte auch eine Intensivierung der Forschung bei den ausländischen Stickstoffproduzenten. Denn im Interesse einer Konkurrenzfähigkeit der eigenen Stickstoffindustrien sah sich jedes Land gezwungen, billigere Verfahren der Stickstofferzeugung einzuführen. Die IG-Farben weigerte sich natürlich, ausländische Unternehmungen an dem von ihr gekauften und patentierten Fortschritt teilhaben zu lassen. Lediglich wenn damit eine Einflußnahme auf die Wirtschaftspolitik eines ausländischen Unternehmens möglich war, zeigte sich die IG-Farben zu Verhandlungen bereit. Die norwegische Firma NORSK HYDRO z.B. beabsichtigte, ihre Stickstoffproduktion auszuweiten und interessierte sich deshalb für das von der IG-Farben patentierte Haber-Bosch-Verfahren. 1927 kam es dann zu Verhandlungen mit den beiden Konzernen. Die IG-Farben erklärte sich zur Unterstützung der NORSK HYDRO bereit. Sie verband aber damit die Bedingung nach einem Austausch von Aktien zwischen den beiden Gesellschaften sowie die Forderung, daß jeder Konzern durch ein Vorstandsmitglied in dem anderen vertreten sein soll. Und hierbei stoßen wir wieder auf Hermann Schmitz, der jetzt im Vorstand der NORSK HYDRO[18] die Interessen der IG-Farben einbringen wird.

Wir können also bisher festhalten, daß die von Hermann Schmitz betriebene Politik immer wieder auf eine wirtschaftliche Stärkung der IG-Farben hinauslief. Die bisher so erfolgreiche Karriere von Hermann Schmitz ergab sich daraus, weil er seine Fähigkeiten immer konsequent im Interesse des Kapitals eingesetzt hat. Die Fähigkeit, die sich verändernden Bedingungen des Kapitals zu seiner Zeit zu erkennen und in seine Planung, deren oberstes Gebot die Erzielung möglichst hoher Profite ist, mit einzubeziehen, qualifizieren den im Aufsteigen begriffenen Schmitz zu einem brauchbaren Partner für bereits etablierte Kapitalisten wie Carl Duisberg und Carl Bosch, die noch führenden Köpfe des IG-Farben Giganten. Wie nun der Kapitalist Hermann Schmitz, der vor 1933 schon „Aufsichtsratsvorsitzender von mindestens sieben Großfirmen und Mitglied des Aufsichtsrats von wenigstens zehn anderen Konzernen, unter ihnen die Vereinigten Stahlwerke"[19], gewesen ist, zusammen mit anderen Kapitalisten die Zerstörung der Weimarer Republik vorantrieb, werden wir im folgenden Kapitel untersuchen.

1 Helmuth Wickel, a.a.O., S. 129.
2 Ebenda, S. 129 f.
3 Metallwirtschaft, Berlin, 20. Jhrg. 1941, S. 19.
4 Vgl. Richard Sasuly, a.a.O., S. 60 f.
5 Vgl. Metallwirtschaft, Berlin, 20. Jhrg. 1941, S. 19; ebenso Aluminium, Berlin, 23. Jhrg. 1941, S. 54.
6 Willi Kling, Kleine Geschichte der IG-Farben, Tribüne-Verlag o.J., S. 11; zit. nach: Gisela Kahl, Zu den Kriegsvorbereitungen und der Kriegsdurchführung des IG-Farben-Konzerns in zwei Weltkriegen, Jena 1960, S. 9.
7 Vgl. Metallwirtschaft, Berlin, 20. Jhrg. 1941, S. 19; ebenso Aluminium, Berlin, 23. Jhrg. 1941, S. 54.
8 Metallwirtschaft, ebenda.
9 Helmuth Wickel, a.a.O., S. 130.
10 Ebenda, S. 131.
11 Vgl. ebenda, S. 132.
12 Ebenda.
13 MGN, IG-Farben Prozeß, Dok. NI-7745; zit. nach: Hans Radandt, a.a.O., S. 115.
14 Vgl. ebenda, S. 117.
15 Vgl. ebenda.
16 Vgl. ebenda.
17 Vgl. ebenda.
18 Vgl. ebenda, S. 116.
19 Richard Sasuly, a.a.O., S. 104.

Der Anteil der IG-Farben an der Zerstörung der Weimarer Republik

Es ist nicht einfach, die Interessengegensätze innerhalb der herrschenden Klasse in Deutschland gegen Ende der zwanziger Jahre exakt zu analysieren. Eine Grobaufteilung läßt jedoch zwei sich gegenüberstehende Hauptinteressensgruppen[1] erkennen. Der schon lange etablierten Gruppe führender Wirtschaftsführer aus der Schwerindustrie und den Banken stand eine noch junge, aber immer stärker werdende Gruppe mit führenden Vertretern der Chemie-, Elektro- und Verarbeitungsindustrie, die wiederum maßgeblich mit den führenden Vertretern der IG-Farben identisch waren, gegenüber. Letztere Gruppe ist aufgrund des anhaltenden Fortschrittes auf chemischem und elektrotechnischem Gebiet stark im Wachsen begriffen. Dies erklärt auch, warum sie zunächst weniger von der Ende der zwanziger Jahre einsetzenden ersten Weltwirtschaftskrise getroffen wurde, als die Vertreter der Schwerindustrie. Vielmehr verbuchte die IG-Farben auch während der Krise Gewinne: so konnten zwischen 1928 und 1930 jährlich 12 Prozent, zwischen 1931 und 1933 immerhin noch 7 Prozent Dividende ausgeschüttet werden.[2]

Die Vertreter der Schwerindustrie, repräsentiert vor allem durch Personen wie August Thyssen und Emil Kirdorf, sahen vor allem in einer Aufrüstung die Möglichkeit, aus der Weltwirtschaftskrise herauszukommen und sich wieder enorme Profite zu verschaffen. Dabei hatten sie aber mit dem energischen Widerstand der arbeitenden Bevölkerung zu rechnen, die schon im Ersten Weltkrieg genügend Opfer für die imperialistischen Ziele, damals noch vor allem der Schwerindustrie, zu erbringen hatten. Die Arbeiterklasse konnte nicht mehr für eine militärische

Aufrüstung begeistert und gewonnen werden. Dem wirtschaftlichen Interesse führender Vertreter von Schwerindustrie und Banken entsprachen daher die Vorstellungen von Adolf Hitler zur Liquidierung der bürgerlichen Demokratie. So sind es auch jene Nazi-Industriellen, die die faschistische Bewegung schon sehr lange unterstützen. August Thyssen z. B. spendete bereits 1923 100 000 Goldmark an die NSDAP.[3]

Zwar gab es auch Äußerungen von führenden IG-Vertretern, die auf ein Interesse an einer Änderung der bestehenden Weimarer Verfassung hindeuteten. In diesem Sinne erklärte z. B. der Aufsichtsratsvorsitzende der IG-Farben, Carl Duisberg: „... Wir hoffen, daß unsere Worte heute auf ein Echo stoßen und daß wir den starken Mann finden werden, der uns alle endlich unter einen Hut bringt...; denn er ist für uns Deutsche, wie wir seit Bismarck wissen, immer notwendig gewesen... Wenn Deutschland wieder groß werden soll, dann müssen alle Klassen unseres Volkes einsehen, daß Führer nottun, die ohne Rücksicht auf Massenstimmungen handeln..."[4] Aber dennoch hielten die maßgeblich von der IG-Farben repräsentierten Vertreter der Chemie-, Elektro- und Verarbeitungsindustrien an der Politik des Kabinetts Brüning fest. Vielmehr sah Duisberg in Heinrich Brüning sogar zunächst den langersehnten Führer, „der bewiesen hat, daß er keine Hemmungen hat, und der gesonnen ist, den Geist der Frontgeneration in friedlicher Befreiungsarbeit einzusetzen".[5] Die Unterstützung des Kabinetts Brüning durch die IG-Farben wird allzu verständlich, wenn wir uns einmal betrachten, welche einflußreichen Positionen im Staatsapparat der IG-Farben von dem Reichskanzler zur Verfügung gestellt wurden: sie stellte mit dem Aufsichtsratsmitglied Paul Moldenhauer den Finanzminister und ein weiteres Mitglied des Aufsichtsrates der IG-Farben, Hermann Warmbold wurde Wirtschaftsminister. Lieber hätte „Brüning...gerne Herrn Schmitz, der immer mehr zum eigentlich leitenden Kopf des Farbentrustes wird, persönlich in seiner Regierung gesehen. Aber er mußte sich mit einem Stellvertreter begnügen, als Schmitz eindeutig betonte, daß seine Funktion in der Farbenregierung wichtiger als ein Posten in der Regierung des Reiches sei."[6] Im Hintergrund, für die Öffentlichkeit nicht erkennbar, wirkte Hermann Schmitz dennoch auf das Kabinett Brüning ein. Als Berater des Reichskanzlers begleitete er Heinrich Brüning im Jahre 1931 z. B. nach London, um an internationalen Verhandlungen teilzunehmen.[7] Des weiteren hatten die Vertreter der Chemie-, Elektro- und Verarbeitungsindustrie „dem Reichskanzler einen in der Verfassung nicht vorgesehenen ‚Wirtschaftspolitischen Beirat' aufgedrängt, der den verfassungsmäßigen, ‚Vorläufigen Reichswirtschaftsrat' lahmlegte".[8] In diesem Beirat war die IG-Farben AG vertreten durch Geheimrat Hermann Schmitz und dessen Neffen Max Ilgner.

Die IG-Farben hatte sich also einen derart großen Einfluß auf das Kabinett Brüning gesichert, daß sie bei allen finanz- und wirtschaftspolitischen Maßnahmen entscheidend mitbestimmen konnte. Ihren Einfluß in der Regierung nutzte die IG-Farben dann auch selbstverständlich zur Erhöhung ihrer Profite aus. So erlangte sie über das Kabinett Brüning z. B. eine „Einfuhrsperre für Stickstoff, monatelange Senkung der Ausgleichsabgabe für inländische Treibstoffe von RM 38,– pro Tonne auf RM 1,–, Erhöhung der Benzinzölle, die dem Konzern bei einer Produktion von 100 000 t einen Mehrgewinn von 8 Millionen RM einbrachte. Heinrich Hörlein verhinderte als Mitglied des Reichsgesundheitsrates, daß die Inlandspreise für Diphtherieserum gemäß dem Antrag eines anderen Herstellers um 50 Prozent gesenkt wurden."[9] Des weiteren bewirkte die IG-Farben durch ihre aktive Mitarbeit an den unter Brüning durchgesetzten Notverordnungen eine Abwälzung der Krisenlasten auf die Schultern der arbeitenden Bevölkerung. „Die Finanzberatung der Regierung durch Hermann Schmitz ist also für den Farbentrust recht einträglich."[10] So sah z. B. das erste Finanzprogramm Brünings neben einer Senkung der Löhne und Gehälter im öffentlichen Dienst vor, die Steuerbelastungen der Unternehmer zu verringern. Gleichzeitig wurden jedoch die Werktätigen mit einer Steuererhöhung belastet.

Die Reichstagswahlen vom September 1930, die einen ersten großen Erfolg für die NSDAP mit sich brachten, blieb nicht ohne Auswirkungen auf das Verhalten des Monopolkapitals. Das Interesse der Wirtschaftsführer von Schwerindustrien und Banken an einer Regierungsbeteiligung der NSDAP wurde damit bestärkt. Die maßgeblich von der IG-Farben repräsentierte andere Gruppierung hielt wegen der bereits aufgezeigten Möglichkeiten auf die zu betreibende Politik am Kabinett unter Heinrich Brüning fest. Aber, um auf eventuelle Veränderungen vorbereitet zu sein, unterhielt die IG-Farben bereits seit längerem verdeckten Kontakt zu allen Parteien am rechten Flügel des politischen Lebens. „Dr. Kalle und Dr. Haßlacher arbeiteten in der Deutschen Volks- beziehungsweise in der Deutschnationalen Volkspartei, den Parteien der Großagrarier und Großkapitalisten. Dr. Hummel und Dr. Lammers beobachteten die Deutsche Demokratische Partei und das katholische Zentrum, zwei stockbürgerliche Gruppierungen... Einige jüngere Leute der IG-Führung wurden beauftragt, Verbindungen mit den Nazis aufzunehmen. Einer von ihnen war Max Ilgner, ein Neffe von Hermann Schmitz."[11]

Der dominierende Einfluß der IG-Farben auf die Regierung Brüning führte nun dazu, daß die Vertreter der Schwerindustrien und Banken in offener Opposition gegen den Kanzler auftraten. Brüning sah sich deshalb gezwungen, einige personelle Veränderungen in seinem Kabinett vorzunehmen. Um dabei den bisherigen Einfluß der IG-Farben abzusichern, schaltete sich jetzt Hermann Schmitz ein. In Verhandlungen mit Brüning erklärte er sich dann bereit, das Amt des Verkehrsministers im 2. Kabinett zu übernehmen. Doch dazu kam es dann doch nicht. Während der Verhandlungen schob ein Bote dem Reichskanzler einen Zettel zu, auf dem folgendes geschrieben stand: „Brechen Sie sofort die Verhandlungen mit Schmitz ab. Sein Neffe Ilgner sitzt im Adlon und erzählt allen Leuten, sein Onkel würde Verkehrsminister und die IG beherrsche das Kabinett. Wenn sein Onkel dann im Kabinett sei, würde er Stegerwald, Dietrich und Schäffer aus ihren Stellen hinauswerfen. Er sei robust genug dazu."[12] Brüning erfährt weiter, daß diese Information dem Scherl-Verlag zugeschoben worden ist, der wiederum Informationen über Steuerhinterziehungen der IG-Farben, für die Schmitz verantwortlich ist, erhalten hat. Diese Tatsachen sollen veröffentlicht werden, sobald Hermann Schmitz zum Minister im neuen Kabinett ernannt werden wird.[13] Dies hätte dann das Ende der Regierung Brünings bedeutet. So sah sich der Reichskanzler gezwungen, sein Angebot gegenüber Schmitz zurückzunehmen. Damit war einer der Pläne von Hermann Schmitz gescheitert.

Die sich verschärfende Weltwirtschaftskrise, die dazu führte, daß im Deutschen Reich die Gesamtproduktion des Jahres 1932 auf die Hälfte des Standes von 1928 sank, wobei gleichzeitig die Zahl der Arbeitslosen auf 6 Millionen anstieg[14], hatte inzwischen aber auch die IG-Farben erfaßt. Um den der Krise zugrundeliegenden Nachfragemangel auszugleichen, war inzwischen für alle Konzerne, also auch die IG-Farben, eine Verbesserung der Konjunktur durch den Staat zur Notwendigkeit geworden. Der Staat sollte die Aufgabe erhalten, die Verwertungsbedingungen des Kapitals zu verbessern. Bestens hierzu geeignet sind Rüstungsgeschäfte, da sie hohe Gewinne garantieren. In diesem Interesse galt es, Einfluß auf die Regierung auszuüben. Objektiv war damit eine Annäherung zwischen den Interessen der beiden konkurrierenden Wirtschaftsblöcke eingetreten. Die im Profitinteresse der Konzerne notwendige Aufrüstungspolitik konnte jedoch über das Kabinett Brüning nicht durchgesetzt werden. Denn dessen Existenz war abhängig von der Tolerierung durch die Sozialdemokraten und die Gewerkschaften, die nicht bereit gewesen wären, eine Aufrüstung so ohne weiteres mitzutragen.

Die IG-Farben war inzwischen aufgrund der veränderten Existenzbedingungen zu einer Zusammenarbeit mit den Nationalsozialisten bereit. Sie forderte nun sogar deren Miteinbeziehung in das Reichskabinett. Allerdings durfte dadurch der eigene Einfluß nicht zurückgedrängt werden. „Als nun Brüning mit einer derartigen Lösung nicht einverstanden war, ..., war sein Sturz besiegelt."[15] Das unter Beteiligung der IG-Farben neugebildete Kabinett Papen sollte nun im Interesse der IG-Farben Herrn Hitler und die Nationalsozialisten aus der Umklammerung der Nazi-Industriellen lösen und für die eigenen Interessen gewinnen. Doch die Gruppe der führenden Schwerindustriellen und Bankiers „war nicht ohne weiteres bereit, sich vom Konkurrenten ihren mühselig hochgespielten und teuer bezahlten politischen Kandidaten kurz vor dem Ziel ausspannen zu lassen".[16] In der folgenden Zeit kam es daher zu verstärkten Auseinandersetzungen zwischen den beiden konkurrierenden Industriegruppierungen, bei denen es Franz von Papen nicht gelang, die ihm gestellte Aufgabe, Hitler für die maßgeblich durch die IG-Farben repräsentierte Gruppierung zu gewinnen. Die Verhandlungen zwischen von Papen und Hitler über eine Beteiligung der NSDAP an der Regierung scheiterten jedoch an Hitlers Führungsanspruch, der auf Druck der Nazi-Industriellen die Kanzlerschaft für sich beanspruchte. Die fehlende Massenbasis des Kabinetts Papen ermöglichte es aber auch nicht, eine Beteiligung der Nationalsozialisten zu umgehen. „Als es nach der Niederlage Papens im Reichstag am 6. November (1932) erneut zu Wahlen kam, hatte die NSDAP zwei Millionen Stimmen verloren. Die Arbeiterparteien aber hatten zusammengenommen ihren Stimmenanteil halten können, wobei die Kommunisten sogar eine Zunahme von 0,7 Millionen Stimmen verzeichneten."[17]

Die herrschenden Monopolkapitalisten sahen ihre Existenz durch das in diesem Wahlergebnis zum Ausdruck kommende Erstarken der Arbeiterbewegung bedroht. Die Notwendigkeit eines gemeinsamen Vorgehens gegenüber der Arbeiterklasse drängte die zwischen den Herrschenden vorhandene Konkurrenz zurück. Damit kam es objektiv zu einer weiteren Annäherung zwischen den hinter von Papen und den hinter Hitler stehenden Industriellen. Es ist davon auszugehen, daß bei den sich jetzt anbahnenden Verhandlungen zwischen führenden Vertretern der bisher konkurrierenden Gruppierungen gerade auch der Person Hermann Schmitz eine bedeutende Rolle zukommt. Denn jener war nämlich nicht nur im Vorstand der IG-Farben, sondern gleichzeitig noch Aufsichtsratsmitglied der Metallgesellschaft und der Vereinigten Stahlwerke AG, zweier bedeutender Vertreter der Schwerindustrie, die ja schon seit längerer Zeit die Nationalsozialisten unterstützte. Hermann Schmitz dürfte also aus eigenem Interesse eine Annäherung zwischen den führenden Vertretern der beiden konkurrierenden Hauptinteressensgruppierungen vorangetrieben haben.

Wichtig für die Politik der IG-Farben ist in diesem Zusammenhang noch das 1932 fertiggestellte Leunawerk, das für die synthetische Treibstofferzeugung vorgesehen war. Entgegen den Erwartungen der IG-Farben fiel die Qualität durch geringe Klopffestigkeit dieses Treibstoffes so schlecht aus, daß dieser, wo doch schon durch die Weltwirtschaftskrise die Preise für Rohöl rapide gesunken waren, nicht mehr konkurrenzfähig war. Hier galt es festzustellen, ob ein Hitler an der Regierung sich zur Abnahme dieses Treibstoffes bereiterklärte. Um festzustellen, ob er auch hier den wirtschaftlichen Interessen der IG-Farben entsprechen würde, beauftragte der derzeitige Präsident der IG-Farben, Carl Bosch, die Vorstandsmitglieder Heinrich Bütefisch und Heinrich Gattineau, Hitler über die Bedeutung und Hydrierung synthetischen Treibstoffs aufzuklären.

„Von den wirtschaftspolitischen Absichten Hitlers, die er den beiden IG-Vertretern ausführlich vortrug, waren sie in hohem Maße befriedigt."[18] Bei den sich anschließenden Verhandlungen schaffte es die IG-Farben sogar, daß „die Erweiterung der deutschen Rohstoffgrundlage als einer der wichtigsten Punkte in das ‚Wirtschaftliche Aufbauprogramm' der NSDAP aufgenommen"[19] wurde. „Es ist deshalb ebensowenig zufällig, daß die IG-Farbenindustrie AG jetzt auch bereit war, 100 000 RM an die Hitler-Partei zu zahlen, während Duisberg noch im Juli gegenüber Thyssen jede Zahlung von Wahlgeldern an die NSDAP abgelehnt hatte."[20]

Die nun zahlreich stattfindenden Verhandlungen zwischen den führenden Konzernvertretern wurden von Heinrich Himmler organisiert. Dieser unterhielt über Max Ilgner direkte Verbindung zu Hermann Schmitz. Durch Himmlers Initiative wurde dann auch der Grundstein für den „Freundeskreis des Reichsführers SS", der zur Finanzierung der NSDAP maßgeblich beitrug, gegründet. Was sich dann in den letzten Tagen der Weimarer Republik noch an personellen Veränderungen im Kabinett abspielte, „es war alles nur noch ein Kulissenspiel gewesen, von dem auf der Bühne der Öffentlichkeit nur jenes gezeigt worden war, was sich zu ihrer Täuschung eignete".[21]

Mit der Ernennung von Adolf Hitler zum neuen Reichskanzler am 30. Januar 1933 erhielt dann die Unterstützung der NSDAP durch die IG-Farben verbindlichen Charakter. Das erste Ziel der Nazis war die Auflösung des bestehenden Reichstages. Um die offene Diktatur ungehindert ausüben zu können, war eine absolute Mehrheit der Nationalsozialisten im Reichstag notwendig. Diese sollte durch die für den 5. März 1933 angesetzten Neuwahlen geschaffen werden. Um die Finanzierung dieses bedeutenden bevorstehenden Wahlkampfes der NSDAP abzusichern, veranstaltete Hermann Göring am 20. Februar 1933 ein Treffen aller führenden Konzernvertreter und Bankiers. Auf Anweisung von Carl Bosch und Hermann Schmitz war die IG-Farben bei diesem geheimgehaltenen Treffen durch das Vorstandsmitglied Georg von Schnitzler vertreten. Auf dieser Zusammenkunft führender Industrieller machte Hitler dann u. a. die folgenden Ausführungen: „Wir stehen heute vor folgender Situation: Weimar hat uns eine bestimmte Verfassungsform aufoktroyiert, mit der man uns auf eine demokratische Basis gestellt hat. Damit ist uns aber keine leistungsfähige Regierungsgewalt beschert worden. Im Gegenteil, der Kommunismus mußte sich nach dem, wie ich eingangs die Demokratie kritisiert habe, immer tiefer in das deutsche Volk hineinbohren. Die Folge war eine immer größere innere Spannung, durch die auch – und das ist mit das Schlimmste – die Gerichte nicht unbeeinflußt blieben. Es haben sich also zwei Fronten herausgebildet, die uns vor die Wahl stellen: entweder Marxismus in Reinkultur oder die andere Seite. Man kann sich nicht auf den Standpunkt stellen und sagen: die andere Seite wird sich schon allmählich wieder durchsetzen. So eine Haltung bedeutet die Niederlage... Wir stehen jetzt vor der letzten Wahl. Sie mag ausfallen wie sie will, einen Rückfall gibt es nicht mehr, auch wenn die kommende Wahl keine Entscheidung bringt. So oder so, wenn die Wahl nicht entscheidet, muß die Entscheidung eben auf einem anderen Wege fallen... Für die Wirtschaft habe ich nur den einen Wunsch, daß sie parallel mit dem inneren Aufbau einer ruhigen Zukunft entgegengeht. Die Frage der Herstellung der Wehrmacht wird nicht in Genf, sondern in Deutschland entschieden werden, wenn wir durch innere Ruhe zur inneren Kraft gekommen sind. Innere Ruhe gibt es aber nicht eher, als bis der Marxismus erledigt ist. Hier liegt die Entscheidung, der wir entgegengehen müssen und ist der Kampf auch noch so schwer."[22] An die Ausführungen von Hitler anschließend, wies Göring nochmals auf die Wichtigkeit des bevorstehenden Wahlkampfes hin und forderte die anwesenden Industriellen auf, finanzielle Opfer zu bringen. Diese „seien umso notwendiger, da das Geld der Steuerzahler auch nicht mit einem Pfennig in Anspruch genommen werde. Staatsmittel würden nicht verwandt. Das erbetene Opfer würde der Industrie sicherlich umso leichter fallen, wenn sie wüßte, daß die Wahl am 5. März die letzte sicherlich innerhalb 10 Jahren, voraussichtlich aber in 100 Jahren sei."[23] Im Auftrag von Carl Bosch und Hermann Schmitz wurde daraufhin eine Spende in Höhe von 400 000,– RM an die Nazis überwiesen. Die historische Analyse hat uns also gezeigt, daß die IG-Farben ein wirtschaftliches Interesse an der Errichtung der faschistischen Diktatur hatte und folglich diese gewollt und mit vorbereitet hat.

1 Vgl. dazu auch Eberhard Czichon, Wer verhalf Hitler zur Macht? – Zum Anteil der deutschen Industrie an der Zerstörung der Weimarer Republik, Köln 1967, S. 24 f.
2 Vgl. Kühnl/Hardach (Hrsg.), Die Zerstörung der Weimarer Republik, Köln 1977, S. 63.
3 Vgl. Eberhard Czichon, a.a.O., S. 15.
4 Richard Sasuly, a.a.O., S. 86.
5 Berliner Börsen-Courier vom 24.06.1931, zit. nach: Kühnl/Hardach, a.a.O., S. 74.
6 Helmuth Wickel, a.a.O., S. 206.
7 Richard Sasuly, a.a.O., S. 89.
8 Eberhard Czichon, a.a.O., S. 24.
9 Hans Radandt, a.a.O., S. 21.
10 Jürgen Kuczynski, Die Geschichte der Lage der Arbeiter unter dem Kapitalismus, Bd. V, Berlin 1966, S. 99.
11 Richard Sasuly, a.a.O., S. 87.
12 Heinrich Brüning, Memoiren 1918–1934, Stuttgart 1970, S. 425.
13 Vgl. ebenda, S. 425 f.
14 Vgl. Dieter Halfmann, Der Anteil der Industrie und Banken an der faschistischen Innenpolitik, Köln 1974, S. 10.
15 Eberhard Czichon, a.a.O., S. 32.
16 Ebenda, S. 32.
17 Dieter Halfmann, a.a.O., S. 11.
18 Eberhard Czichon, a.a.O., S. 50.
19 Kühnl/Hardach, a.a.O., S. 117.
20 Eberhard Czichon, a.a.O., S. 50.
21 Ebenda, S. 52.
22 IMT, Prozeß gegen die Hauptkriegsverbrecher, Dok. D-203, zit. nach: Reinhard Kühnl: Der deutsche Faschismus in Quellen und Dokumenten, Köln 1975, S. 202 f.
23 Reinhard Kühnl, a.a.O., S. 203.

Die IG-Farben AG im Faschismus

Mit der Errichtung der faschistischen Diktatur am 30. Januar 1933 waren jetzt die Voraussetzungen für die von den Monopolen geforderte Aufrüstungspolitik geschaffen worden. Bereits sieben Tage nach dem oben erwähnten Treffen führender Konzernvertreter bei Göring, leiteten die Nazis durch den selbstinitiierten Reichstagsbrand am 27. Februar 1933 eine große Verfolgungskampagne gegen alle antifaschistischen Kräfte ein mit dem Ziel, die noch bestehende Opposition gewaltsam zu beseitigen. Dabei wurden Tausende von Kommunisten, Sozialdemokraten und Gewerkschaftern verhaftet oder ermordet. Das Hitlerregime schaffte es, innerhalb kürzester Zeit jede organisierte Arbeiterbewegung zu unterdrücken. Die Arbeiterparteien und die Gewerkschaften sowie die von ihnen herausgegebenen Zeitschriften wurden verboten. Der während der Weimarer Republik mögliche Klassenkampf, der sich in den Auseinandersetzungen über die Höhe der Löhne und über die Art der Arbeitsbedingungen äußerte, wurde gewaltsam unterdrückt. Streiks als Druckmittel der Werktätigen zur Durchsetzung ihrer Interessen wurden verboten. Die „Reallöhne blieben auf dem niedrigen Niveau von 1933 und die 60-Stunden-Woche wurde noch vor Beginn des Krieges allgemein üblich".[1] Jene Vorstellungen der IG-Farben, wie sie Carl Duisberg schon im Jahre 1925 formulierte, („...es herrscht kein Zweifel darüber, daß die deutsche Wirtschaft nur dann bestehen und ihren Verpflichtungen nachkommen kann, wenn die Lasten an Löhnen, Gehältern, Steuern, Frachten und nicht zuletzt an Sozialversicherungsbeiträgen verringert werden... Die deutschen Gewerkschaften ...müssen es von jetzt an als ihre erste Pflicht ansehen, gemeinsam mit den Arbeitgebern ihr Augenmerk auf die Steigerung der Produktion zu richten... Dann wird das Lohn- und Gehaltsproblem nicht mehr die überragende Rolle wie bedauerlicherweise heute spielen..."²), konnten jetzt endlich verwirklicht werden. Die von den Nazis eingeführten Terrormaßnahmen halfen also, die Profite der IG-Farben zu steigern, indem sie die Lohnkosten stark verringerten. Aber damit war die IG-Farben noch lange nicht zufrieden. Um einen möglichst großen Einfluß auf bevorstehende politische Entscheidungen zu erlangen, versuchten führende IG-Vertreter, Anschluß an die Nazikreise zu bekommen. Hermann Schmitz z. B. wurde Mitglied jenes neuen Reichstages über den der ‚Völkische Beobachter' bereits 10 Tage vor der Konstituierung schrieb: „Wenn am 21. März der neue Reichstag zusammentritt, werden die Kommunisten durch dringende und nützliche Arbeit verhindert sein, an der Sitzung teilzunehmen. Diese Herrschaften müssen wieder an fruchtbringende Arbeit gewöhnt werden. Dazu werden wir ihnen in Konzentrationslagern Gelegenheit geben."³ Und so befanden sich dann auch an jenem 21. März 1933 die 81 kommunistischen Abgeordneten in Haft. Das gleiche Schicksal teilten diejenigen sozialdemokratischen Abgeordneten, die nicht gewillt waren, einer faschistischen Diktatur den Weg zu ebnen, falls ihnen die Flucht ins Ausland nicht geglückt war. Hermann Schmitz schien diese Vorgehensweise der Nazis für gerechtfertigt zu halten. Jedenfalls nahm er in jenem Reichstag Platz, der mit der Verabschiedung des „Ermächtigungsgesetzes" am 23. März 1933 dann alle Vollmachten an Adolf Hitler delegierte. Des weiteren wurde Schmitz neben einem weiteren Vertreter der IG-Farben, August von Knieriem, Mitglied der „Akademie für deutsches Recht", die am 2. Oktober 1933 „als wissenschaftliche Zentrale für die Mitarbeit an der Umgestaltung und Fortbildung des deutschen Rechtes im Sinne der Weltanschauung des neuen Reiches"⁴ gegründet worden war. Zu der Zeit, als die

Hitlerfaschisten Künstler wie Käthe Kollwitz und Paul Klee aus dem Schuldienst entfernten, wurde Hermann Schmitz Mitglied des Kuratoriums für das „Haus der deutschen Kunst", wo er dann das Amt des Vorsitzenden des Vorstandsrates übernahm. Im Gegensatz zu Schmitz sind fast alle anderen bedeutenden IG-Farben-Vertreter faschistischen Organisationen und Verbänden in der folgenden Zeit beigetreten. Im Folgenden sind einige dieser Mitgliedschaften aufgeführt[5]:

Heinrich Bütefisch	NSDAP, Obersturmbannführer in der SS, NSKK, NSFK
Walther Dürrfeld	NSDAP, Hauptsturmführer im NSFK
Fritz Gajewski	NSDAP
Heinrich Gattineau	NSDAP, Standartenführer bei der SA, NSKK
Max Ilgner	NSDAP, NSKK
August von Knierim	NSDAP
Carl Krauch	NSDAP, NSFK
Fritz ter Meer	NSDAP
Georg von Schnitzler	NSDAP, Hauptsturmführer der SA, NSKK
Karl Wurster	NSDAP

Unterstützung faschistischer Verbände

Selbstverständlich ließ es die IG-Farben auch nicht an einer finanziellen Unterstützung von Einrichtungen der NSDAP fehlen. So fungierte z.B. Heinrich Gattineau als Bindeglied zwischen der IG-Farben und der SA (Sturm-Abteilung). 1933 wurde er zum Standartenführer befördert und war dort als wirtschaftlicher Berater beim Stabschef jener berüchtigten SA, Ernst Röhm, tätig. Seine Aufgabe innerhalb der SA war dann auch, zusätzlich zu den bereits regelmäßig angewiesenen Spenden, die IG-Farben für eine weitere finanzielle Unterstützung der SA zu gewinnen.

Dazu wandte er sich an Max Ilgner, der darüber mit Geheimrat Schmitz beriet.[6] „Die größte Spende von ca. 200 000 RM für Mäntel der SA fiel in den Winter 1933/34."[7] Ein weiteres Beispiel ist die über den „Freundeskreis des Reichsführers SS" geleistete finanzielle Unterstützung dieser faschistischen Untergrundorganisation. Auf Anweisung von Hermann Schmitz und Heinrich Bütefisch sind nachweislich zumindest in den Jahren 1941 bis 1943 jährlich 100 000 RM an die SS angewiesen worden.[8] Offiziell vertreten in diesem exklusiven Freundeskreis von Heinrich Himmler war die IG-Farben durch das Vorstandsmitglied Heinrich Bütefisch. Zur Bedeutung dieser exklusiven Vereinigung für die Industrie erklärte der SS-Führer Oswald Pohl: „Daß jemals eine Einladung zur Mitgliedschaft (im ‚Freundeskreis des Reichsführers SS') abgelehnt worden wäre, ist unwahrscheinlich, und ich habe auch von keiner erfahren, da Industrielle sich eher zur Aufnahme in den Freundeskreis drängten in Anbetracht der Vorteile[9], die sie sich davon versprachen, daß sie in persönliche Beziehungen zu Himmler und anderen maßgeblichen Leuten der Partei sowie der Wirtschaft treten würden."[10] Während der faschistischen Diktatur wurden durch jährliche Zuwendungen in Millionenhöhe die Aktivitäten der Nationalsozialisten durch die IG-Farben unterstützt. Nachweisbar wurden alleine durch die Dachgesellschaften der IG-Farben AG, also ohne Berücksichtigung der zahlreichen Tochtergesellschaften, 84 200 353 RM an faschistische Verbände und Einrichtungen gespendet.[11] Von diesen Spenden mußte auch Hermann Schmitz Kenntnis haben. Denn Beträge, die 2 000 RM überstiegen, konnten nur nach Rücksprache mit ihm angewiesen werden.[12]

Finanzierung faschistischer Propaganda

1933 wurde die judenfeindliche Betätigung der Nationalsozialisten auch im Ausland bekannt. In verschiedenen

Ländern, wie z. B. in den Vereinigten Staaten und einigen Ländern im Nahen Osten, wurde mit einem Boykott deutscher Waren darauf reagiert. Damit geriet der deutsche Außenhandel in eine ernstliche Bedrohung, wovon natürlich auch die IG-Farben betroffen war. Im Interesse der Sicherung ihrer Absatzmärkte in den dortigen Ländern, wäre jetzt eigentlich zu erwarten gewesen, daß sie ihre Machtpositionen in der Regierung im Sinne einer Abschaffung solcher Judenverfolgungen wahrnimmt. „Die IG geht aber einen anderen Weg, der a) eine Fortsetzung der Judenverfolgungen erlaubt und b) dem Boykott ein Ende machen wird. Man holt sich den bekanntesten und höchstbezahltesten public relations-Fachmann der USA, dem die Rockefellers Millionen gegeben haben, um eine ihnen angenehme öffentliche Meinung herzustellen, ...Ivy Lee, um die ‚schlechten Eindrücke' der Judenverfolgungen zu verwischen."[13] Verantwortlich für die Verhandlungen mit Ivy Lee, sowie für dessen Bezahlung ist Max Ilgner, der davon Hermann Schmitz in Kenntnis gesetzt hat.[14] Eine andere Möglichkeit antideutscher Propaganda im Ausland entgegenzutreten praktizierte die IG-Farben bei der Vergabe von Inseraten an ausländische Zeitungen. So heißt es z. B. in einer Geheimanweisung der pharmazeutischen Abteilung der IG-Farben vom Februar 1938: „Unter allen Umständen müssen Inserate in deutschfeindlichen Zeitungen vermieden werden... Gegenüber den weitaus wichtigeren politischen Gesichtspunkten haben kommerzielle Überlegungen zurückzustehen."[15] Hier macht also die IG-Farben unmißverständlich deutlich, daß sie Inserate nur an solche ausländische Zeitungen vergibt, die keine Einwände gegen das faschistische Deutschland hervorzubringen haben. Das Ausmaß der Unterstützung von im Ausland wirkenden Nazi-Einrichtungen durch die IG-Farben-Herren ist aber damit noch lange nicht vollständig erfaßt. So finanzierten sie auch den Bau von deutschen Schulen, Kirchen, Krankenhäusern und Gesellschaftsclubs in der ganzen Welt. Und auch im Ausland agierende Parteigruppierungen der NSDAP erhielten zur Verbreitung faschistischer Propaganda finanzielle Zuwendungen von der IG-Farben. „In Frankfurt aufgefundene Aufzeichnungen verraten, daß zwischen 1940 und 1942 eine Summe von nahezu 10 Millionen Mark alleine durch die BAYER-Agenturen den Nazistützpunkten im Ausland überwiesen wurden."[16] Zu der Zeit, als die Vormachtstellung der IG-Farben im deutschen Reich wieder zurückgewonnen war[17], beteiligten sich führende IG-Farben-Vertreter über vom Reich geschaffene Einrichtungen aktiv an der Organisierung von im Ausland zu betreibender faschistischer Propaganda. In der dazu vom Reichsministerium für Volksaufklärung und Propaganda 1941 geschaffenen RADIO-UNION GmbH wirkte Hermann Schmitz als Vorsitzender.[18] Weiter war er in der Auslands-Rundfunk Gesellschaft INTERRADIO AG, die ebenfalls vom Reichsministerium für Volksaufklärung und Propaganda sowie dem Auswärtigen Amt 1942 neu gegründet wurde. Der Vorstandsvorsitzende der IG-Farben war hier u.a. neben dem Ex-Nazi und heutigen prominenten CDU-Mitglied Kurt Georg Kiesinger[19] Mitglied des Aufsichtsrates.[20]

Tarnung von Auslandsunternehmungen

Die seit der Machtübernahme durch die NSDAP möglich gewordene Umstellung auf Kriegsproduktion konfrontierte die IG-Farben aber auch mit neuen Schwierigkeiten. Eine größere Ausweitung der Produktion von synthetischem Benzin, Buna, Spreng- und Schießstoffen, Kampfgasen, Magnesium und Aluminium für die Flugzeugindustrie usw. würden natürlich unweigerlich auf die Vorbereitungen eines bevorstehenden Angriffskrieges hinweisen. Eine solche Produktionsausweitung stellte somit eine erhöhte Gefahr für die im Ausland befindlichen Werke der IG-Farben sowie für diejenigen ausländischen Firmen, an denen sie beteiligt war, dar. Die IG-Farben mußte nun mit einer eventuellen Beschlagnahme jener Firmen rechnen. Dies lag natürlich nicht in ihrem Interesse. Und so wurde damit begonnen, die betroffenen Unternehmen so zu tarnen, daß keine Verbindungen zur IG-Farben mehr erkennbar waren. „Die ‚Tarnung' hat uns in der Vergangenheit (z. B. während des Ersten Weltkrieges – K. S.) nicht nur millionenfache Gewinne auf kommerziellem und steuergesetzlichem Gebiete gebracht, sondern das ‚Tarnungssystem' half uns im Verlauf des Krieges, unsere Organisation, unsere Anlagen und unsere Außenstände weitestgehend zu sichern"[21], heißt es in einer internen Denkschrift aus den Akten der IG-Farben in Frankfurt. Das Durchführen solcher Tarnungen war „eine Kunst, in der Hermann Schmitz unter seinen Mitarbeitern als Meister galt".[22] Ein Beispiel hierfür ist die in den Vereinigten Staaten gegründete „Amerikanische IG", die dann während der beginnenden Kriegsvorbereitung in „General Aniline and Film Corporation" umbenannt wurde. Ihr Aktienkapital befand sich im Besitz der „Schweizer IG-Chemie", die „wohl das wichtigste Glied in der Kette (des) getarnten IG-Besitzes"[23] war. Diese Firma wurde 1928 von der IG-Farben als „Internationale Gesellschaft für chemische Unternehmungen" in der Schweiz gegründet. Generaldirektor dieses Unternehmens war Hermann Schmitz. In Vorbereitung des Zweiten Weltkrieges erklärte dieser dann die „Schweizer IG" als unabhängiges Unternehmen und verzichtete auf seinen Posten als Generaldirektor. „In Wirklichkeit waren natürlich die alten Verbindungen nicht angetastet worden. Die Bank, die die Angelegenheiten der IG Chemie regelte, H. Sturznegger & Co., gehörte zu den ausländischen Aktiva der IG. Durch sie blieb die Position der IG in der Leitung der IG Chemie erhalten. Aber die Rechtsform wurde korrekt eingehalten und die vorhandenen Verbindungen sorgfältigst verborgen."[24]

Wir sehen also, daß die IG-Farben-Vertreter in Erwartung des kommenden Krieges frühzeitig bemüht waren, einer möglichen Beschlagnahme ihrer ausländischen Werke entschieden entgegenzuwirken. Die dazu durchgeführten Tarnungsaktionen ermöglichten es obendrein noch, wie bereits in der oben zitierten Denkschrift angedeutet, zahlreiche Steuerhinterziehungen begehen zu können.

Errichtung eines Spionageringes

Der wirtschaftliche Führungsanspruch der IG-Farben wurde bereits am Ende der Weimarer Republik von führenden Vertretern dezent angedeutet. So erklärte Carl Duisberg schon 1931, daß „erst ein geschlossener Wirtschaftsblock von Bordeaux bis Odessa...Europa das wirtschaftliche Rückgrat geben (wird), dessen es zur Behauptung seiner Bedeutung in der Welt bedarf".[25] Dieses Ziel wird während der faschistischen Diktatur immer deutlicher. Die IG-Kapitalisten wollen eine Neuordnung Europas unter ihrer Führung als Ausgangsbasis für die Eroberung der Weltherrschaft erreichen.[26] Dazu war es für die IG-Farben notwendig, genaueste Informationen über die wirtschaftlichen und politischen Bedingungen in den jeweiligen Ländern zu erhalten, um einmal das eigene wirtschaftliche Interesse der IG-Farben in den jeweiligen Ländern herauszufinden und um zum anderen die Vorgehensweisen zur Verwirklichung dieser Interessen festlegen zu können. Hierzu war dann der Ausbau eines Spionageringes notwendig geworden. „Das Haupt dieses Spionageringes der IG war Max Ilgner... Ähnlich seinem Onkel (gemeint ist Hermann Schmitz – K.S.) schätzte Ilgner den Wert der Geheimhaltung außerordentlich. Er leitete sein Büro sehr energisch, und keiner seiner Mitarbeiter war über seine Operationen völlig informiert."[27] Das größte Büro dieser Spionagezentrale war die statistische Abteilung der IG-Farben in Berlin NW 7. Hier wiederum war es ein enger

Mitarbeiter von Ilgner, der bekannte deutsche Statistiker Anton Reithinger, der seine Zusammenkünfte mit führenden Wirtschaftsstatistikern des Auslands dazu mißbrauchte, Daten über die Wirtschaft anderer Länder auszukundschaften und an die IG-Farben weiterzuleiten. „Die Spionageleistung der IG-Farben war von beispiellosem Umfang."[28] Das Büro „Berlin NW 7" „entwickelte sich zur bestorganisierten Spionagezentrale Europas".[29] Dies erklärt dann auch das große Interesse der faschistischen Armee an der Tätigkeit des Nachrichtendienstes Berlin NW 7. Max Ilgner stand deshalb sogar „vor dem ernsten Problem..., die Übernahme ganzer Abteilungen von NW 7 (durch die faschistische Wehrmacht) zu verhindern. Er fand einen Ausweg, indem er einige der jüngeren Leute in Uniform stecken ließ, die im übrigen aber auf ihren Posten bei der IG verblieben."[29a] Zusätzlich errichtete die IG-Farben dann noch eine besondere ‚Vermittlungsstelle W', die ausschließlich der besonderen Unterstützung der Wehrmacht diente.[30] Die IG-Farben hat also damit einen Großteil der Spionage des Nazi-Deutschland organisiert und finanziert.

Im Vierjahresplan

Die bisherige Darstellung der Machenschaften der IG-Farben während des Hitlerfaschismus könnten zu der falschen Annahme führen, daß mit der Errichtung der faschistischen Diktatur der Verwirklichung ihrer imperialistischen Pläne nichts mehr im Wege stand. Daß diese Annahme nicht ganz richtig ist, soll mit den folgenden Ausführungen verdeutlicht werden. Erinnern wir uns: die Machtergreifung der NSDAP war das Ergebnis einer erfolgten Verständigung von Vertretern der Schwerindustrie und der Banken auf der einen, sowie von Vertretern der Chemie-, Elektro- und Verarbeitungsindustrie, also maßgeblich der IG-Farben, auf der anderen Seite. Damit war natürlich der dominierende Einfluß, den die IG-Farben in vorangegangenen Kabinetten innehatte, nicht mehr gegeben. Die Verständigung zwischen den beiden bisher konkurrierenden Blöcken war das Ergebnis objektiv gleicher Interessen, nämlich die Weltwirtschaftskrise durch eine staatlich getragene Aufrüstungspolitik zu beenden. Aber damit sind wir auch schon am Ende ihrer Gemeinsamkeiten angelangt. Denn während die Vertreter der Schwerindustrie gemäß ihrem eigenen Interesse diese bevorstehende Aufrüstung hauptsächlich auf einen Ausbau der Schwerindustrie orientiert sehen wollten, zielte das Interesse der IG-Farben vor allem darauf ab, „den Ausbau ihrer synthetischen Produktion voranzutreiben und ihn zum Hauptbestandteil der Rüstungswirtschaft zu machen. Sie vertraten die Ansicht, daß die ausschließliche Orientierung der Aufrüstung auf die Schwerindustrie für einen modernen Krieg unzureichend sei."[31] Dieser zwischen den beiden konkurrierenden Industriegruppierungen bestehende Widerspruch konnte nun zunächst im Interesse der Schwerindustrie und der Banken gelöst werden.

Eine Ursache hierfür dürfte in der schon wesentlich länger bestehenden Unterstützung der NSDAP durch eben deren Vertreter zu sehen sein. Ein Beleg dafür, daß die Erwartungen der IG-Farben durch den faschistischen Staatsapparat zunächst noch nicht erfüllt wurden, ist der von Carl Bosch und Hermann Schmitz am 14. Dezember 1934 mit dem Reich erreichte Abschluß eines Benzinvertrages, „in dem ihnen durch die Zusicherung einer staatlich garantierten Abnahme von 1 000 000 t synthetischer Treibstoffe wenigstens der weitere Ausbau der recht aufwendigen Hydrieranlage ermöglicht wurde".[32] Damit war die Zusage, die Adolf Hitler den IG-Farben-Vertretern vor seiner Machtübernahme bekundete, in einem äußerst bescheidenen Rahmen verwirklicht worden. In der ersten Zeit der faschistischen Diktatur verdrängten nun die Vertreter der

Schwerindustrie und Banken zunächst „ihre Rivalen der Chemie- und Elektroindustrie aus den Funktionen, die sie bisher in den legislativen und exekutiven Organen des Wirtschafts- und Staatsapparates eingenommen hatten".[33] Hauptsächlich ihren Interessen entsprach auch die Politik von Reichswirtschaftsminister Hjalmar Schacht, die einmal den Ausbau der Schwerindustrie unterstützte, staatliche Anleihen für die IG-Farben aber ablehnte und zum anderen notwendige Rohstoffe importierte und damit deren synthetische Massenherstellung durch die IG-Farben behinderte.

Diese Politik geriet jedoch unweigerlich mit der großen Mißernte von 1935 in eine Krise. Schacht war hierbei nicht bereit, notwendige Devisen für Lebensmittelimporte der Rüstungswirtschaft zu entziehen. „Mit der Krise der von Schacht vertretenen Rüstungskonzeption der montanen Schwerindustrie konnte im Machtkartell die nationalsozialistische Führungsspitze nunmehr eine gewisse Eigengewichtigkeit dadurch erlangen, daß mit der Krise der Schacht'schen Konzeption eine Führungskrise im Oligopol (ein durch Kartellabsprachen zwischen mehreren Konzernen organisiertes Monopol – K.S.) ausbrach, wodurch die Führungsfunktion der Großindustrie geschwächt wurde und Hitler einen größeren Entscheidungsspielraum gewann."[34]

In dieser Situation bot nun das auf einen Ausbau der synthetischen Produktion ausgerichtete Konzept der IG-Farben-Manager eine Möglichkeit, die Devisen- und Rohstoffkrise bei gleichzeitig steigender Aufrüstung zu überwinden. Und genau an diesem Punkt erlangt dann auch die IG-Farben wieder den bestimmenden Einfluß auf die zu betreibende Kriegswirtschaft. Der von Hitler zur Schaffung einer krisenfesten Kriegsrüstung zum Devisen- und Rohstoffkommissar ernannte Hermann Göring mußte sich bei der Besetzung dieses Rohstoff- und Devisenstabes als erstes an die IG-Farben wenden. Denn es war inzwischen deutlich geworden, daß „die gesamte militärische Aufrüstung ... in hohem Maße von der chemischen Industrie abhängig"[35] geworden war. Die IG-Farben stellte inzwischen 28 Hauptprodukte her, die von besonderem Interesse für eine Kriegsvorbereitung waren.[36] Die aufgetretene Devisen- und Rohstoffkrise hatte auch gezeigt, daß nur durch die „Herstellung von synthetischem Benzin und Gummi...die beiden größten Engpässe in der Kriegswirtschaft des deutschen Imperialismus beseitigt werden konnten".[37] Auf die Bitte von Hermann Göring stellte nun Hermann Schmitz das IG-Vorstandsmitglied Karl Krauch für den Rohstoff- und Devisenstab frei.[38] In dem kurz darauf gegründeten „Gutachterausschuß zur Rohstoff- und Devisenlage" vertrat Schmitz selbst die Interessen der IG-Farben. Auf einer Sitzung dieses Ausschußes am 26. Mai 1936 gelang es ihm dann, gegen die Interessen der Schwerindustrie, Göring für einen raschen Ausbau der von der IG-beherrschten synthetischen Produktion zu gewinnen. Eine sich der Debatte anschließende persönliche Unterredung zwischen Schmitz und Göring bewirkte, daß Karl Krauch beauftragt wurde, ein Konzept über die „Ersatzstoff-Frage" vorzubereiten. „Bereits Anfang August 1936 lag ein entsprechendes Material, als ‚Bericht zur Lage' bezeichnet, Göring vor, der am 15. August 1936 Hitler die gesamte Problematik und die Vorschläge der IG-Farben-Manager vortrug. Hitler schloß sich der Meinung von Göring an und stellte auf der Basis des IG-Farben-Materials in wenigen Tagen seine Vierjahresplan-Denkschrift zusammen."[39] Dabei handelte es sich um jene Denkschrift, die zur Vorbereitung des Zweiten Weltkrieges erstens die Einsatzfähigkeit der deutschen Armee und zweitens die Kriegsfähigkeit der deutschen Wirtschaft innerhalb von vier Jahren zu erreichen fordert. Bei dieser berüchtigten, streng geheimen Vierjahresplan-Denkschrift, handelte es sich eigentlich also um einen IG-Farben-Plan.[40]

Dieser auf IG-Farben-Ausführungen zurückgreifende Vierjahresplan wurde dann sogar am 9. September 1936 auf dem Reichsparteitag der NSDAP als neue Phase der nationalsozialistischen Wirtschaftspolitik verkündet.[41]

Auf einer ebenfalls im Dezember 1936 stattfindenden Veranstaltung, auf der zahlreiche Großindustrielle anwesend waren, erörterten Göring und Hitler in Anwesenheit der IG-Kapitalisten Bosch, Schmitz und Krauch die Grundzüge und Vorteile der neuen Vierjahresplanpolitik.[42] Dabei gelang es Göring, auch u. a. die Unterstützung des Stahlgiganten Friedrich Krupp für den IG-Farben-Plan zu gewinnen, was kurz darauf deren Vorstandsvorsitzenden Hermann Schmitz einen Sitz im Aufsichtsrat der Friedrich Krupp AG einbrachte.[43] In der folgenden Zeit hat sich die IG-Farben „mit ganzer Einsatzkraft in den Dienst des Vierjahresplanes gestellt. Sie hat es darüber hinaus erreicht, daß das Amt des Vierjahresplanes fast ausschließlich mit IG-Leuten oder mit von der IG abhängigen Leuten besetzt wurde."[44] Die IG-Farben hatte dadurch, daß nahezu 90 Prozent der Angestellten des auf Grundlage des Vierjahresplanes geschaffenen ‚Amt für Roh- und Werkstoffe' ehemalige Mitarbeiter aus den Büros der IG-Farben waren[45], die entscheidende Machtposition im faschistischen Staatsapparat, den sie für kurze Zeit an die Wirtschaftsführer der Schwerindustrie und Banken abtreten mußte, wieder zurückerlangt.

Neuordnung Europas

Die zu einem großen Teil von der IG-Farben getragene wirtschaftliche Vorbereitung des Zweiten Weltkrieges brachte natürlich auch eine beachtliche Gewinnsteigerung mit sich.[46] Aber die durch eine Erhöhung der Produktion von wichtigen Rüstungsgütern bzw. kriegswichtiger chemischer Zwischenerzeugnisse neu geschaffenen Absatzmärkte stellten für die IG-Farben nur eine „bescheidene" Möglichkeit dar, ihre Profite zu steigern. Diese Maßnahmen dienten vielmehr dazu, das eigentliche Ziel der IG-Farben, eine Vormachtstellung auf dem Weltmarkt zu erlangen, zu verwirklichen. Von weitaus größerer Bedeutung ist daher die Tatsache, daß eine Ausweitung des Deutschen Reiches unter dem Vorwand der „Schaffung von neuem Lebensraum", den IG-Farben-Kapitalisten die Möglichkeit bot, ihre im Reich vorhandene Vormachtstellung auf die unterworfenen Länder zu übertragen. „Die höchsten Gewinne ...verspricht (dabei) der von den Okkupationsbehörden unterstützte offene oder durch formelle Kauf- oder Pachtverträge verschleierte Industrieraub."[47] Ausgangspunkt zur Verwirklichung jener Interessen der IG-Farben „sollte die Unterwerfung und wirtschaftliche Durchdringung Europas sein".[48] Um jenen „IG-Farbenblock von Bordeaux bis Odessa und weiter"[49] entstehen zu lassen, mußte also die faschistische Armee kriegsbereit gemacht werden.

Die deutschen Monopole begannen jedoch schon vor Kriegsbeginn mit der Durchführung ihrer Raubzüge. Als am 12. März 1938 die faschistische Wehrmacht gegen den Willen der dortigen Bevölkerung in Österreich einmarschierte, ist die IG-Farben natürlich sofort zur Stelle, um dem Reich ihr Interesse an Österreich vorzutragen. Und obwohl Hermann Göring gegenüber Hermann Schmitz den Wunsch geäußert hatte, „daß die großen reichsdeutschen Konzerne nicht nach Vollzug des Anschlußes über Deutsch-Österreich herfallen und die dortige Industrie aufsaugen würden"[50], fand zu diesem Thema bereits am 17. März 1938 in Berlin NW 7 eine Österreich-Besprechung der IG-Farben statt. In dem hierbei angefertigten Protokoll heißt es u. a.: „Soweit Beteiligungspläne der IG-Farben in Österreich bestehen, ist dazu zu bemerken, daß die IG bereits seit Jahren bemüht ist, den Anschluß wirtschaftlich durch Zusammenarbeit und Einflußnahme auf Österreichs chemische Industrie zu untermauern. Insbesondere sind wegen der SKODA-WERKE WETZLER AG seit etwa 2 Jahren laufend Verhandlungen über eine Beteiligung der IG geführt worden, die ihren Ausgangspunkt in dem Bestreben der IG fanden, eine Beteiligung AUSSIGs (ein tschechisches Konkurrenzunternehmen – K. S.) an der SKODA-WERKE Wetzler AG zu verhindern."[51] Zu den Zielen der IG-Farben in Österreich heißt es in diesem Protokoll, daß „die Aussprache... Übereinstimmung darüber (ergibt), ..., die bisher schon in Aussicht genommene Fusion von SWW mit den österreichischen DAG-Firmen in der Weise durchzuführen, daß die IG dabei eine Majorität von 75 Prozent (gegebenenfalls von 51 Prozent mit einer Option auf die restlichen 24 Prozent) erhält".[52] Die IG-Farben waren jetzt nach der Angliederung Österreichs an das Deutsche Reich keineswegs bereit, sich durch führende Nazi-Vertreter von ihren Zielen abbringen zu lassen. Hierzu heißt es in dem oben erwähnten Protokoll an einer weiteren Stelle: „Herr Dr. Ilgner ist der Ansicht, daß es unlogisch wäre, wenn wir die seit zwei Jahren im Hinblick auf künftigen Anschluß geführten Verhandlungen jetzt, wo der Anschluß Wirklichkeit geworden ist, plötzlich aufgeben würden und ist der Meinung, daß auch die Bemerkung des Ministerpräsidenten kein Anlaß ist, die in Aussicht genommenen Pläne fallen zu lassen."[53]

Ihren Zielen kam die IG-Farben dann rasch näher. Nachdem die faschistischen Truppen in Österreich einmarschiert waren, nahmen sie den Generaldirektor der SKODA-WERKE WETZLER AG in Schutzhaft und übergaben der IG-Farben die kommissarische Leitung des Unternehmens. Jetzt brauchten die IG-Kapitalisten nur noch die formale Zustimmung der Naziregierung zum Erwerb des Aktienkapitals der SKODA-WERKE, die sie dann in DONAU CHEMIE AG umbenannten. Das nächste Ziel der faschistischen Aggression war die Tschechoslowakei. Durch die „Heim ins Reich" Propaganda, die auch von der IG-Farben gefördert wurde[54], sollte der Anschluß Sudetendeutschlands an das Deutsche Reich vorbereitet werden. Diese geplante Annexion wurde wiederum maßgeblich von der IG-Farben vorbereitet. Und zwar über das internationale Stickstoffkartell, dessen Präsident Hermann Schmitz von der IG-Farben war. Zusammen mit dem englischen Mitbegründer des Kartells, der IMPERIAL CHEMICAL INDUSTRIES LIMITED, die inzwischen gemeinsam mit der IG-Farben in England die Firma TRAFFORD PARK CHEMICAL COMPANY gegründet hatte, wurde bei der Erneuerung der Kartellvereinigung im Juli 1938 die Einflußsphäre beider Konzerne in der Tschechoslowakei festgelegt.[55] Dies geschah zu einem Zeitpunkt, wo die faschistische Wehrmacht überhaupt noch nicht in die Sudetengebiete einmarschiert war.

Daß sich am 15. September 1938 der britische Premierminister Neville Chamberlain gegenüber Hitler bereit erklärte, die faschistische Forderung nach Abtretung der sudetendeutschen Gebiete in Prag durchzusetzen, wird verständlich, wenn wir berücksichtigen, daß Chamberlain selbst Aktionär der ICI war[56], jener IMPERIAL CHEMICAL INDUSTRIES LIMITED, die kurz zuvor mit Hermann Schmitz über die Aufteilung der wirtschaftlichen Einflußsphären nach der durchzuführenden Invasion in die Tschechoslowakei verhandelten. „Was auf wirtschaftlichem Sektor die Zusammenarbeit zwischen IG und ICI, war auf diplomatischem die zwischen Hitler und Chamberlain."[57] Mit dem völkerrechtwidrigen Münchner Abkommen vom 29. September 1938 wurde die Tschechoslowakei dann gezwungen, die Sudetengebiete an das Deutsche Reich abzutreten.

Einen Tag später erreichte Hitler folgendes Telegramm[58]:
ZA-Büro – 1. Oktober 1938
Telegramm 30. September 1938
An den Führer und Reichskanzler Adolf Hitler, Berlin
Unter dem Eindruck der von Ihnen mein Führer erreichten Heimkehr Sudetendeutschlands ins Reich stellt Ihnen die IG-Farbenindustrie Aktiengesellschaft zur Verwendung für das Sudetendeutsche Gebiet einen Betrag von einer halben Million Reichsmark zur Verfügung.

Hermann Schmitz

Und am folgenden Tage marschiert dann schon die faschistische Wehrmacht in die Sudetengebiete ein. Es waren noch keine drei Monate seit der Zerstückelung der Tschechoslowakei vergangen, bis die IG-Farben sich die chemischen Werke AUSSIG und FALKENAU angeeignet hatte. Damit gehörten nun jene CHEMISCHE WERKE AUSSIG zum IG-Farben-Konzern, die noch kurze Zeit vorher, bei der Angliederung Österreichs, eine Bedrohung für die IG-Farben dargestellt hatte. Die noch verbliebenen restlichen tschechischen Gebiete wurden dann schließlich am 15. März 1939 ebenfalls an das Deutsche Reich angegliedert.

Obwohl der deutsche Faschismus schon zwei Länder den Interessen seiner Nutznießer unterworfen hatte, war kein Ende der faschistischen Aggression abzusehen. Der am 1. September 1939 durchgeführte Überfall auf Polen, der den Zweiten Weltkrieg entfesselte, wurde bereits seit April 1939 vorbereitet. Ein von den Hitlerfaschisten selbst organisierter Überfall auf die Radiostation Gleiwitz, den die Goebbels-Propaganda den Polen unterstellte, diente den Nazis als Vorwand für den Beginn des Krieges. So fiel dann im Morgengrauen des 1. September 1939 die faschistische Wehrmacht ohne Kriegserklärung in Polen ein.

Während hierdurch der Zweite Weltkrieg entfesselt wurde, berieten schon die führenden IG-Kapitalisten in der Zentrale Berlin NW 7 darüber, wie eine Neuordnung Europas unter der Vormachtstellung der IG-Farben in der chemischen Industrie durchgesetzt werden könne. Die IG-Farben beteiligte sich dazu in fast allen unterworfenen Gebieten an einem offenen oder verschleierten Industrieraub. Hier ist es nicht möglich, alle Beispiele dazu detailliert aufzuführen. Wir wollen uns hauptsächlich auf eine Untersuchung der Interessen und Aktivitäten der IG-Farben im besetzten Polen beschränken, gerade weil dort die von der IG-Farben angestrebte Neuordnung verbunden war mit einem ,,Massenmord an der polnischen Bevölkerung, dem über 22 Prozent aller Einwohner Polens zum Opfer fielen"[59], was die höchste Verlustquote aller vom deutschen Faschismus unterdrückten Völker darstellte.[60] Wie bereits oben angedeutet, läßt sich der größte Profit für einen Konzern durch den Raub fremder Industrien erzielen. Von diesem Interesse geleitet, haben „die leitenden Männer der IG-Farbenindustrie AG nicht nur allgemein den Krieg vorbereitet, indem sie bei der Übergabe der Regierungsgeschäfte an die Hitlerpartei mitwirkten, wesentliche Richtlinien für die Aufrüstung ausarbeiteten und entscheidende Posten in der staatlichen Leitung der Rüstungswirtschaft besetzten, sondern sorgten auch dafür, daß ihr Trust im Augenblick des militärischen Überfalls auf Polen sofort imstande war, die ihm angenehmsten Früchte der Aggression zu ernten"[61], was wir im Folgenden belegen werden.

Nachdem der militärische Überfall auf Polen geglückt war, begann die IG-Farben eine Inspektion durch das unterworfene Polen. Schon eine Woche nach Beginn des Überfalls telegraphierte der IG-Farben Kapitalist Georg von Schnitzler am 7. September 1939 folgenden Auftrag an Direktor Krüger[62] im berüchtigten Berliner Büro NW 7: „Bitten schon jetzt das Reichswirtschaftsministerium von nachstehenden Zusammenhängen zu unterrichten: im Laufe der nächsten Tage werden aller Voraussicht nach vier polnische Farbstoffabriken in deutsche Hände fallen nämlich die rein polnischen Fabriken PRZEMYSL CHEMICZNY BORUTA in Zgierz und die CHEMICZNA FABRYKA WOLA KRZYSTOPORSKA ferner die der Schweizer AG gehörige PABJANICKIE TOWARZYSTWO AKCYJNE PRZEMYSLU CHEMICZNEGO in Pabjanica... alle drei in der Umgebung von Lodz gelegen sowie die etwa zwölf Kilometer nordöstlich von Warschau gelegene ZAKLADY CHEMICZNE w Winnicy Sp. Akc. in Winnica stop... Alle vier Fabriken zusammen haben mehr als die Hälfte des polnischen Farbenbedarfs gedeckt die rein polnischen Fabriken ca. 30 Prozent stop... Auf den

Fabriken befinden sich erhebliche und wertvolle Vorräte in Vor-, Zwischen- und Endprodukten alle fast ausschließlich auf dem Gebiet der Teerfarbenstoffe und der ihnen verwandten Hilfsprodukte stop... Ohne zu der Frage des Weitervertriebs der Fabriken im gegenwärtigen Moment Stellung nehmen zu wollen möchten wir es für unbedingt erforderlich halten, daß die Verwertung der vorgesagten Vorräte im Interesse der deutschen Volkswirtschaft durch Sachverständige erfolgt stop... Nur die IG ist in der Lage diese Sachverständigen zu stellen stop... Haben hier vorgesehen daß Herr Direktor Schwab der Leiter unseres hiesigen osteuropäischen Farbengeschäfts für diese Aufgabe bereit gestellt werden soll stop... Weitere Hilskräfte, auch technischer Natur stehen selbstverständlich zur Verfügung stop... Sind Mitte nächster Woche persönlich in Berlin um weitere Besprechungen mit den zuständigen Stellen aufzunehmen und bitten solchen Besprechungstermin vorzubereiten..."[63]

Diese weiteren Besprechungen fanden dann am 20. Oktober 1939 auf einer Sitzung des Kaufmännischen Ausschusses unter Anwesenheit des Vorstandsvorsitzenden der IG-Farben, Hermann Schmitz, in Berlin NW 7 statt.[64] Georg von Schnitzler hat dort zusammen mit zwei weiteren IG-Vertretern die Anweisung erhalten, eine Inspektion der chemischen Betriebe in Polen vorzunehmen und das bestehende Interesse der IG-Farben an diesen Betrieben bei der zuständigen Reichsstelle vorstellig zu machen. Das Reichsamt für Wirtschaftsausbau bildete daraufhin eine Regierungskommission zur Begutachtung der polnischen chemischen Industrie. Die IG-Farben konnte sich hierbei sicher sein, daß ihren wirtschaftlichen Interessen von dieser staatlichen Institution genügend entsprochen werden würde. Denn der Leiter dieses Reichsamtes für Wirtschaftsausbau war Carl Krauch, der, als führender IG-Farben Vertreter, dieses Amt zu einer mit staatlicher Macht ausgestatteten Direktionsabteilung der IG-Farben ausgebaut hatte.[65] Dementsprechend fiel dann auch die Zusammensetzung der Inspektionsgruppe aus: Karl Wurster und der Dolmetscher Heinkes waren Vertreter der IG-Farben. Von dem dritten Mitglied dieser Gruppe, Dr. Pöhland, sind keine Verbindungen zur IG-Farben bekannt.[66] „Am 8. November 1939 standen die Ergebnisse der Inventur auf der Tagesordnung der 14. Sitzung des Vorstandes der IG-Farbenindustrie AG."[67]

Das Interesse der IG-Farben bestand darin, die BORUTA WERKE und die CHEMISCHEN WERKE WINNICA in den IG-Farben Konzern mit einzugliedern. Die Tatsache, daß die BORUTA WERKE in Geldschwierigkeiten waren, lieferte den IG-Kapitalisten einen brauchbaren Vorwand, bei den zuständigen staatlichen Stellen auf deren Übereignung an die IG-Farben hinzuwirken. „Das BORUTA-WERK geraubt hat das Deutsche Reich, und die IG-Farbenindustrie AG hat es dem Räuber abgekauft."[68] Anschließend wurde das BORUTA-WERK in die TEERFARBENWERKE ZGIERZ GmbH umbenannt. Während sich dort dann die Produktionskapazität von 1940 bis 1943 fast verdoppelte, sank die Belegschaftsstärke von 1940 (= 100 Prozent) bis 1943 auf 66 Prozent.[69] Ein rentabler Betrieb also für den deutschen Chemiegiganten!

Die CHEMISCHEN WERKE WINNICA wurden ebenfalls von der IG-Farben gekauft. Da dieses Werk hauptsächlich zur Erzeugung von Khakifarbe für Armeekleidung diente, welche mit der Niederlage der polnischen Armee nicht mehr benötigt wurde, beschloß die IG-Farben die Stillegung dieses Werkes. Die Produktionsanlagen allerdings wurden demontiert und nach anderen IG-Betrieben verfrachtet.

Mit der Errichtung des IG-Farben Werkes AUSCHWITZ-MONOWITZ im besetzten Polen werden wir uns in einem abgeschlossenen Kapitel befassen. Denn nirgends hat der deutsche Faschismus seinen menschenverachtenden Charakter deutlicher offenbart wie in den faschistischen Konzentrationslagern, wo der Warencharakter des Menschen unter kapitalistischen Produktionsverhältnissen für jedermann unverkennbar in Erscheinung getreten ist.

Während nun die faschistische Wehrmacht ihre Aggression gegen Dänemark, Norwegen, Frankreich, Belgien, die Niederlande und Luxemburg fortsetzt, treffen sich regelmäßig führende IG-Kapitalisten, um darüber zu beraten, wie die in den unterworfenen Gebieten befindliche chemische Industrie den Interessen der IG-Farben untergeordnet werden kann. Um sich ein besseres Bild davon machen zu können, wie führende IG-Farben Vertreter die Neuordnung Europas vorbereiteten, sei hier exemplarisch die Niederschrift über die 35. Sitzung des Kaufmännischen Ausschußes am Dienstag, dem 20. August 1940, vormittags um 9.30 Uhr, in Berlin NW 7, Unter den Linden 78, wiedergegeben.[70]

„Anwesend:
          Geheimrat Schmitz Vorsitzer
                    v. Schnitzler
                    Buhl (zeitweise)
                    Dencker
                    Frank-Fahle
                    Haefliger
                    von der Heyde (zeitweise)
                    Ilgner
                    v. Knierim
                    Krüger
                    Kugler
                    Mann
                    ter Meer (zeitweise)
                    Otto
                    Reithinger (zeitweise)
                    Terhaar
                    Weber-Andreae
                    Weiß

1) Wirtschaftspolitische Lage
a) Stand der Verhandlungen gegenüber Frankreich

Dr. v. Schnitzler berichtet über seine Besprechung bei der Waffenstillstandskommission in Wiesbaden und über seine Reise mit Dr. Terhaar nach Frankreich. Die Besprechungen mit den maßgebenden deutschen Stellen in Frankreich haben ergeben, daß die von der IG gemachten Vorschläge das Verständnis und die grundsätzliche Zustimmung bei diesen Stellen gefunden haben. Als Resultat sind entsprechende Maßnahmen auf dem photographischen Sektor in Frankreich bereits getroffen worden. Erleichterungen für den durch die französische Preisstoppverordnung erschwerten Verkauf unserer Produkte sollen in Fühlungnahme mit den deutschen Stellen in Paris angestrebt werden. Die Verhandlungen mit der Union Syndicale des Producteurs de Matières Colorantes sollen in Übereinstimmung mit den deutschen Stellen erst zu einem späteren Zeitpunkt stattfinden.

Dr. v. Schnitzler schildert des weiteren die voraussichtliche Entwicklung der deutsch-französischen Beziehungen auf dem Gebiete des Güteraustausches und weist insbesondere darauf hin, daß die sofortige Wiederaufnahme der Ausfuhr nach Frankreich dringend erwünscht ist. Die personellen Fragen unserer französischen Verkaufsgesellschaften werden eingehend besprochen.

b) Holland-Programm

Dr. v. Schnitzler legt dar, daß zum Gesamtkomplex Holland zurzeit schwer Stellung zu nehmen ist, da die holländische Wirtschaft in Bezug auf die Belange der deutschen Wirtschaft und insbesondere hinsichtlich der Interessen des IG-Konzerns nur in Zusammenhang mit Holländisch-Indien betrachtet werden kann (z.B. Shell, Chinin). Es herrscht Übereinstimmung, dies in den grundsätzlichen Vorbemerkungen zum Holland-Material zum Ausdruck zu bringen.

Herr Otto berichtet über den AKU-Komplex.

c) Belgien

Eine eingehende Aussprache über den SOLVAY-KONZERN ergibt, daß die Frage einer Erhöhung der Beteiligung an der deutschen SOLVAY-WERKE AG, Bernburg und einer Beteiligung an einigen Südosteuropäischen Gesellschaften, an denen SOLVAY interessiert ist, geprüft werden soll. Des weiteren sollen Untersuchungen angestellt werden, welche weiteren Interessen des SOLVAY-KONZERNS und der UNION CHIMIQUE BELGE SA sich mit unseren Gebieten berühren.

Herr Otto schlägt vor, ähnliche Untersuchungen bezüglich der PRODUITS PHOTOGRAPHIQUES GEVAERT SA, Vieux-Dieu, anzustellen.

d) Dänemark

Auf Grund der neueren politischen Entwicklung sind die Arbeiten für Dänemark vor Norwegen fertigzustellen.

e) Verschiedenes

Es wird beschlossen, daß die von Dr. v. Knierim angefertigte Denkschrift über Anregungen für den Friedensvertrag auf dem Gebiet des gewerblichen Rechtsschutzes und die Stellung des deutschen Reichspatents in einem europäischen unter deutscher Führung stehenden Wirtschaftsraum unter Bezugnahme auf Seite 4 des Schreibens an das Reichswirtschaftsministerium vom 3.8.1940 an die in Frage kommenden amtlichen Stellen zu senden ist. Die von der Juristischen Abteilung Farben Dr. v. Knierim unterbreiteten Vorschläge in bezug auf Regelung von Fragen der Sequestrierung, Besteuerung von Auslandsniederlassungen etc. werden besprochen, und es werden diejenigen Teile der Vorschläge bestimmt, die ebenfalls dem RWiM und der sonst in Betracht kommenden Stellen zuzuleiten sind.

Geheimrat Schmitz weist auf die Arbeiten der Reichsgruppe Industrie und Arbeiten anderer Stellen hin. Dr. v. Knierim berichtet in diesem Zusammenhang über Besprechungen auf dem Gebiete des Kartellrechtes bei der

Reichsgruppe Industrie. Die sich daran anschließende Aussprache über Kartelle ergibt Übereinstimmung, daß sich grundsätzlich nur meßbare und austauschbare Produkte zur Kartellierung eignen. Dr. v. Schnitzler und Herr Weber-Andreae werden über diese Frage mit Dr. Ungewitter sprechen und Fühlung behalten. In diesem Zusammenhang macht Herr Mann darauf aufmerksam, daß auch den kleineren und mittleren Firmen eine Exportmöglichkeit gegeben werden muß, worauf die Bestrebungen und Arbeiten von Dr. Ungewitter gerichtet sind. Herr Weber-Andreae gibt dem KA Kenntnis von den nach Produkten geordneten Arbeiten der Verkaufsgemeinschaft Chemikalien für die Wirtschaftsgruppe Chemie, wobei festgestellt wird, daß sowohl die Aufgliederung nach Ländern als auch nach Produkten für die weiter zu treffenden Maßnahmen zweckmäßig ist.

f) Italien

Dr. Ilgner berichtet über den Besuch von Graf Volpi und über die Arbeiten der IRI und der DIS über die Abgrenzung der deutschen und italienischen Interessen in Europa und im Mittelmeerraum.

2) M-Frage

Die M-Frage wird besprochen

3) Arbeiten der volkswirtschaftlichen Abteilung der IG für amtliche Stellen

Dr. Reithinger berichtet. Auf einen Vorschlag von Herrn Mann wird beschlossen, daß den Mitgliedern des KA die Themata der einzelnen Arbeiten nach Möglichkeit laufend mitgeteilt werden, bzw. dem KA eine Liste der anderen Arbeiten vorgelegt wird.

4) Auslandsgesellschaften

Dr. Ilgner berichtet über eine Anfrage der Prüfungsstelle Chemische Industrie und Besprechungen beim stellvertretenden Gauleiter Hess über die Organisation unserer Auslandsgesellschaften. Der Entwurf eines Schreibens an die Prüfungsstelle wird gutgeheißen.

5) Betätigung von Auslands-IG-Angestellten bei zwischenstaatlichen Verbänden wird besprochen.

6) Baltische Länder und Finnland

Die wirtschaftlichen Beziehungen zu den baltischen Staaten nach ihrer Eingliederung in die UdSSR und die handelspolitischen Verhältnisse gegenüber Finnland werden erörtert.

7) Südost-Fragen

a) Chemische Werke AUSSIG-FALKENAU GmbH

Dr. v. Schnitzler berichtet über den Geldbedarf und die dadurch notwendigen Finanzierungsmaßnahmen bei AUSSIG-FALKENAU und gibt Kenntnis von einem Briefwechsel mit der Chemischen Fabrik v. Heyden AG. Er, Dr. Buhl und Dr. Ilgner werden in der zweiten Hälfte des September mit Heyden die Finanzierungsfrage weiterbehandeln.

Dr. Ilgner berichtet über den Prager Verein im Zusammenhang mit dem Status des Protektorats. Seine Anregungen bezüglich einer möglichen Interessensgemeinschaft sollen weiter ausgearbeitet werden.

b) Bulgarien

Das Projekt über die Errichtung einer Schwefelsäurefabrik in Bulgarien wird besprochen, wobei Dr. Ilgner davon Mitteilung macht, daß der bulgarische Staat evtl. beabsichtigt, sich an diesem Projekt zu beteiligen.

8) Rhodiaseta, Freiburg

Im Anschluß an die Ausführungen von Herrn Otto berichtet Dr. ter Meer über seine Besprechung mit Dr. Hess, mit dem Herr Otto in Fühlung treten wird.

Berlin, den 21. August 1940

FF/Bs.   35/40   gez. v. Schnitzler gez. Frank-Fahle"

Hier sitzen also die Kapitalisten Schmitz, Ilgner und v. Schnitzler, die Vertreter des damals einflußreichsten Monopols der Welt, und erörtern ihre Vorstellung von der Neuordnung Europas. Ganz „undemokratisch", als ob es das Selbstverständlichste auf der Welt sei, wird von diesen

Herren an sich gerissen, was nur zu kriegen ist. Daß bei den dazu notwendigen kriegerischen Auseinandersetzungen Millionen von Menschenleben geopfert werden müssen, scheint einen Hermann Schmitz nicht zu stören. Denn wenn es um die Steigerung von Profiten geht, dann zählen eben keine Moral und keine sonst so lauthals verkündeten Menschenrechte, was man schon bei Karl Marx nachlesen kann: „Mit entsprechendem Profit wird Kapital kühn. Zehn Prozent sicher, und man kann es überall anwenden; 20 Prozent, es wird lebhaft; 50 Prozent, positiv waghalsig; für 100 Prozent stampft es alle menschlichen Gesetze unter seinen Fuß; 300 Prozent, und es existiert kein Verbrechen, das es nicht riskiert, selbst auf die Gefahr des Galgens."[71]

Die Profitgier des deutschen Kapitals unterwirft immer mehr Länder seiner Herrschaft. Am 22. Juni 1941 erfolgt dann der Überfall auf die Sowjetunion. Hierbei beteiligte sich die IG-Farben ebenfalls wieder in hervorragender Weise. So ging ein von IG-Verantwortlichen erstelltes Memorandum mit dem Titel „Reorganisation der russischen Industrie unter deutscher Führung" in die berüchtigte „Sonderakte Barbarossa" ein, welche den Überfall auf die Sowjetunion plante.[72]

Das wirtschaftliche Interesse der IG-Farben gegenüber der Sowjetunion bestand darin, die Errungenschaften der sozialistischen Revolution von 1917 zu beseitigen und Rußland mit in eine Neuorganisierung Europas einzubeziehen.[73] Des weiteren erklärte bereits 1939 das IG-Farben Vorstandsmitglied Carl Krauch, daß im Kriegsfalle die Sowjetunion wehrwirtschaftlich auszubeuten sei.[74] Bei der Ausplünderung an Bodenschätzen reicher Gebiete der Sowjetunion wurden dann unter Bezeichnungen wie OST-FASER GESELLSCHAFT mbH, UKRAINE-FASER-ROHSTOFF GmbH, Unternehmungen gegründet, an denen auch die IG-Faren beteiligt gewesen war.[75]

Mit dem erzwungenen Kriegseintritt der Sowjetunion wurde dann jedoch das Ende der Neuordnungspläne des deutschen Imperialismus eingeleitet. Denn inzwischen war der restlichen kapitalistischen Welt klargeworden, welche Bedrohung auch für sie vom deutschen Imperialismus ausging. Die Angst um ihre eigene Existenz zwang sie, ein Bündnis mit der Sowjetunion gegen den deutschen Faschismus einzugehen. Die hierbei entstandene Anti-Hitler-Koalition fußte also auf dem Interesse der USA, England und der Sowjetunion, die Neuordnungspläne des deutschen Imperialismus zu verhindern. Durch den vereinten Kampf der Anti-Hitler-Koalition konnte „das Kriegsprogramm der IG-Farben und der anderen einflußreichen Monopole, der Wunschtraum von einer deutsch-faschistischen Vorherrschaft von Bordeaux bis zum Ural als Sprungbrett für die Erringung der Weltherrschaft"[76] zum Scheitern gebracht werden. Das Deutsche Reich kapitulierte am 8. Mai 1945.

Konzentrationslager Auschwitz

Der extremste Ausdruck der faschistischen Barbarei war die Errichtung von Konzentrationslagern. Hier sind über 3 Millionen Menschen allein im KZ-Auschwitz ermordet worden.[77] Und – wie könnte es auch anders sein – auch die Errichtung von Konzentrationslagern stellte für die IG-Farben eine Möglichkeit dar, ihrer grenzenlosen Profitgier nachzukommen. In der Tat brachte das Zusammenspiel zwischen der SS und der IG-Farben bei der Unterhaltung von Konzentrationslagern bedeutende wirtschaftliche Vorteile für letztere mit sich. Nicht umsonst zeigten sich führende IG-Farben Vertreter schon seit 1935 an Arbeitseinsätzen von KZ-Häftlingen interessiert.[78] Bei unseren Betrachtungen hierzu wollen wir uns jedoch auf das Beispiel Auschwitz beschränken.

```
                                        DOCUMENT NO. NI - 11784
                                        OFFICE OF CHIEF OF COUNSEL
                                        FOR WAR CRIMES
                                        ---------------
                                        handschr. Dir.Dr.Ambros

                            handschr.              Buna IV
Schlesien-Benzin
  WK/S.              5/193              18.Januar 1941

                    Besprechung am 18.1.1941 in La 1
                   ueber Moeglichkeiten der Zusammenarbeit
                    von Buna und Schlesien-Benzin in Auschwitz.

Teilnehmer von I.G. Farben:              Direktor Dr. Ambros
                                         Dr. Mach
                                         Obering. Santo
                                         Dr. Eisfeld

        Schlesien-Benzin:                Direktor Josenhans
                                         Dr. Kroenig
```

her zu Galizien. Die Einwohner von Auschwitz, vor allem die Kinder machen einen sehr armseligen Eindruck. Abgesehen von dem grossen Marktplatz macht die Stadt selbst einen sehr kuemmerlichen Eindruck. Das Wasser fuer die Stadt wird auf dem Marktplatz mit Hilfe eines handbetriebenen Wasserrades heraufgeholt. Relativ reizvoll ist ein in der Naehe der Stadt gelegenes altes Schloss. Die Einwohner von Auschwitz setzen sich zusammen aus 2 000 Deutschen, 4 000 Juden und 7 000 Polen. Die Deutschen sind Bauern. Die Juden und Polen

wuerden, wenn dort Industrie gebaut wird, ausgewiesen werden, sodass dann die Stadt fuer die Belegschaft der Fabrik zur Verfuegung stuende. Aus diesem Grunde wird es zu mindestens fuer den Anfang nicht notwendig sein, viel Wohnungen zu bauen, da ein Umbauen der bestehenden Wohnungen wenigstens im gewissen Rahmen moeglich sein duerfte. In unmittelbarer Naehe von Auschwitz wird fuer die Juden und Polen ein Konzentrationslager gebaut. In einer Entfernung von etwa 30 km kann man die Beskiden erkennen. In 60 km Entfernung liegt Krakau. Waehrend das Gebiet um Auschwitz als landschaftlich nicht schlecht bezeichnet werden kann, ist es kulturell und zivilisatorisch naturgemaess voellig unerschlossen. Jeder Deutsche, der dort hinkommt, ist also Kolonist.

aus: Arbeitsgruppe der ehemaligen Häftlinge des Konzentrationslagers Auschwitz beim Komitee der antifaschistischen Widerstandskämpfer in der DDr (Hrsg.): IG-Farben, Auschwitz, Massenmord – Dokumente zum Auschwitz-Prozeß I, Berlin 1964, S. 7

1940 wählten die SS-Behörden das polnische Städtchen „Oświeçiem" und die dortige Umgebung für die Errichtung von zukünftigen Konzentrations- und Arbeitslagern aus. In seiner Geschichte wurde das Stammlager noch durch 39 Außen-, Neben- und Arbeitslager erweitert. Die Gesamtheit dieser Einzelbetriebe ging in die Geschichte unter dem Begriff KZ-Auschwitz ein. Das bedeutendste Arbeitslager dort war das IG-eigene Lager „Auschwitz-Monowitz". Im Auftrage der IG-Farben sollte dort ein viertes Buna-Werk zur Gewinnung von synthetischem Benzin errichtet werden. Dies war notwendig geworden, um die ständig steigende Nachfrage der Hitlerwehrmacht nach synthetischem Benzin zu sichern. „Seit 1938 wurden Oberschlesien, der Norden des ‚Sudentenlandes', nach dem Unternehmen ‚Weserübung' sogar Norwegen, dann aber im November 1940 das Gebiet um Auschwitz für die Errichtung dieses Werkes in die engere Wahl gezogen."[79] Ausschlaggebend hierfür war das im Entstehen begriffene Konzentrationslager in Auschwitz.[80] Wir wollen nun die wirtschaftlichen Vorteile aufzeigen, die ein Konzentrationslager wie Auschwitz den IG-Farben bot.

1. Vorteil: billige Arbeitskräfte
Bis 1941 stellten KZ-Häftlinge ein bis dahin größtenteils ungenutztes Arbeitskräftereservoir dar. Da infolge des sich immer mehr ausweitenden Krieges ein akuter Arbeitskräftemangel herrschte, sah sich insbesondere die IG-Farben AG als größtes Monopol gezwungen, mit der SS über einen möglichen Häftlingseinsatz zu verhandeln.[81] In dieser Situation machte sich die bereits weiter oben erwähnte Unterstützung des „Freundeskreises der SS" durch die IG-Farben AG positiv bemerkbar. Auf einen Befehl Himmlers hin wurde dem IG-Farben Konzern Vorrang vor allen anderen Industrien bei der Zuweisung von KZ-Häftlingen eingeräumt.[82] So entwickelte sich die IG-Farben in der Folgezeit zum größten Arbeitgeber für KZ-Häftlinge.[83] Wie der

Betriebsführer von Auschwitz-Monowitz Otto Ambros an seine Kollegen ter Meer und Struss in Frankfurt am Main mitteilte, wirkte sich die neue Freundschaft zwischen der IG-Farben und der SS sehr segensreich aus.[84] Dies wird nur zu verständlich, wenn man bedenkt, daß hierdurch für die IG-Farben die Möglichkeit geschaffen war, billig Arbeitskräfte zu erhalten. So zahlte sie für die aus dem KZ kommenden Hilfsarbeiter einen Tagessatz von 3 RM, für Facharbeiter 4 RM an die SS. Weitere Kosten, wie z. B. die normalerweise üblichen Kranken- und Rentenversicherungsbeiträge sowie Urlaubs- und Überstundenentgeld usw. entstanden für den Chemiekonzern nicht.[85] Die IG-Farben schaffte es sogar noch, verbindliche Bedingungen über die Qualität der im Bunawerk einzusetzenden Häftlinge bei der SS durchzusetzen. Aufgrund von Verhandlungen, bei denen die Interessen der IG-Farben durch den damaligen Oberingenieur der IG-Farben in Auschwitz-Monowitz, Walter Dürrfeld, vertreten wurden, gelangten nur kräftige und arbeitsfähige Häftlinge zum Einsatz. Die gleichen Häftlinge wurden immer am selben Arbeitsplatz eingesetzt. So erlangte die IG-Farben eine größere Freizügigkeit beim Einsatz von Häftlingen und erhielt sie das Recht, Häftlinge zu größerer Leistung anspornen zu dürfen.[86] So ist es nur allzu verständlich, daß die Freundschaft zwischen der IG-Farben und der SS dann sogar einen äußerst offiziellen Charakter annahm. So nahmen z. B. am 20. Dezember 1941 führende Vertreter von IG-Auschwitz an dem sehr feierlich und schließlich feucht-fröhlich verlaufenden Julfest der Waffen SS und kurz darauf am 22. Dezember am Weihnachtsfest mit Gänseessen bei der städtischen Gefolgschaft teil, wie der stellvertretende Betriebsführer in IG-Auschwitz, Max Faust, in seinem Wochenbericht schreibt.[87]

Schauen wir uns einmal die Arbeitsbedingungen der KZ-Häftlinge an, die dazu beitrugen, daß die Aktienkurse der IG-Farben beträchtlich ansteigen konnten. Der ehemalige Häftling Arnest Tauber erklärte dazu unter Eid:

Himmler begrüßt bei einer Inspektion des Lagers Auschwitz Direktoren und leitende Ingenieure der IG-Farben-Werke

aus: *Adler/Langbein/Lingens-Reiner (Hrsg.): Auschwitz – Zeugnisse und Berichte, Frankfurt/Main 1962, S. 334*

„...2. In Monowitz schliefen auf einem Block in der Regel vierhundert Häftlinge. Der Block war für 162 Häftlinge eingerichtet. 1943 schliefen bis 3 Mann in einem Bett. Derzeit wurden auch zwei Zelte für ungefähr 800 bis 1000 Häftlinge aufgestellt. Jedes dieser Zelte hatte einen großen Ausgang und eine kleine Luke. Wenn ein Feuer ausgebrochen wäre, und Feuergefahr bestand immer, da Stroh in den Zelten war, hätten sich nicht viele Leute retten können. Verantwortlich für die Unterbringung war die IG-Farben.
3. Anfang 1943 übernahm die IG-Farben die Verpflegung des Lagers Monowitz. Das Essen war nur in den ersten Tagen der Übernahme etwas besser. Im allgemeinen war es

ungenügend und hatte überhaupt keinen Fettgehalt. Es bestand aus 1 Liter Wassersuppe, gekocht mit ungeschälten Kartoffeln und anderem der Gesundheit nicht zuträglichen Inhalts, so daß infolge der Verpflegung im Lager Monowitz Bauchtyphus auftrat. Morgens gab es nur Kaffee, abends 375 Gramm Brot und eine Zulage von 8 Gramm Margarine. An manchen Tagen gab es das doppelte Quantum Margarine. Diese Verpflegung war bei der verlangten Arbeit im IG-Bunawerk zum Leben vollkommen unzureichend. Viele Häftlinge starben an den Folgen von Unterernährung und schlechter Bekleidung. Das Gewicht einiger Mithäftlinge ging in IG-Auschwitz auf 35 kg bis 44 kg herunter, das durchschnittliche Gewicht lag um 55 kg. Dürrfeld, der Betriebsleiter der IG-Farben Auschwitz, war über die schlechte Verpflegung vollkommen unterrichtet. Er kostete die Suppe einmal im Frühjahr 1943 in meiner Gegenwart. Er lobte die Suppe und ich fragte ihn, ob er das im Ernst meint, worauf er sagte: Nun, sie ist verbesserungsfähig...7. Es gab im Winter kaum ein Kommando, auf dem nicht täglich Erfrierungen vorkamen. An einem schweren Wintertage waren 30 Tote nichts außergewöhnliches. Die Toten mußten an den Gebäuden der IG-Werksleitung vorbeigetragen werden. Es war ausgeschlossen, daß Dürrfeld dieses nicht gesehen hat. Dürrfeld hat außerdem auch die Kommandos kontrolliert und mußte daher von den oft vorkommenden Umbesetzungen wissen. 8. Die IG-Farben wußte nicht nur über die vorkommenden Grausamkeiten, sondern beteiligte sich selber daran. Ich sah persönlich, wie Oberingenieur Faust mehrere Häftlinge mit dem Knüppel geschlagen hat, da beim Straßenbau das Fahren mit beladenen Loren nicht so klappte, wie er es wollte..."[88]

In dieser Erklärung wird klar, daß es der IG-Farben einzig und allein darum ging, die Kosten für die Errichtung des vierten Bunawerkes so gering wie möglich zu halten. Dazu waren die von der SS organisierten Häftlinge, die vollkommen entrechtet waren, bestens geeignet. Daß unter solchen Arbeitsbedingungen Tausende von Menschen ums Leben kamen, schien die Vertreter der IG-Farben recht wenig zu stören. Im Frankfurter Auschwitz Prozeß erklärte der ehemalige Häftling Hans Frankenthal, daß in IG-Auschwitz in 60 bis 70 m Höhe ohne Sicherheitsgurt gearbeitet werden mußte und deshalb hierbei zahlreiche Häftlinge abgestürzt seien.[89] Die Anschaffung von Sicherheitsgurten hätte natürlich eine Kostenbelastung für die IG-Farben bedeutet, was aber nicht in ihrem Interesse lag. Unter solchen Bedingungen wird dann auch verständlich, daß die durchschnittliche Arbeitsfähigkeit der Häftlinge in IG-Auschwitz nur drei bis vier Monate betragen hat.[90]

Der menschenfeindliche Charakter, den die lediglich am Profit orientierte, kapitalistische Produktionsweise mit sich bringt, wird hier für jedermann ersichtlich. Die IG-Farben-Vertreter selbst betrachteten die von ihnen beschäftigten Häftlinge als Waren. In diesem Sinne erklärte ein IG-Oberingenieur den Häftlingen, daß sie Werkzeuge seien, mit denen gearbeitet werden müsse, bis sie kaputt seien. Und wenn sie kaputt seien, dann gäbe es neue Werkzeuge.[91] Um der Erhöhung ihrer Profite willen forderte die IG-Farben in Auschwitz sogar die SS und die Gestapo auf, zur Hebung der Arbeitsmoral bei den KZ-Häftlingen tätig zu werden. Dabei zeigte sich sogar der IG-Oberingenieur Max Faust nicht einmal mit der Behandlung von Arbeitsbummelei durch die Gestapo zufrieden und drang auf eine härtere Vorgehensweise der Naziverbände.[92]

Mit ihrer Forderung, nur arbeitsfähige und arbeitswillige Häftlinge einzusetzen, bestimmten die IG-Vertreter in Auschwitz über Leben oder Tod von Tausenden von Menschen. Der ehemalige KZ-Häftling Dr. Gustav Herzog erklärte hierzu unter Eid: „Es ist die hundertprozentige Schuld der IG-Leitung, daß unzählige tausend nicht mehr einsatzfähiger Häftlinge vergast worden sind. Ich habe viele Ansprachen mir unbekannter Ingenieure und Leiter der IG an die Häftlinge gehört, bei denen ausdrücklich gesagt wurde, daß man an Menschen, die nicht voll arbeiten können oder wollen, kein Interesse mehr habe.

5. Eines Tages im Winter 1942/43, als der Lagerstand von Buna (Monowitz) etwa 3000 bis 3500 Häftlinge war, ließ Hauptsturmführer Schwarz, der in Begleitung von Walter Dürrfeld und einiger SS-Leute der Lagerführung war, sämtliche Häftlinge in 5er Reihen antreten und an sich vorbeimarschieren. Hauptsturmführer Schwarz hat alle Häftlinge, die nur irgendwie nicht ganz kräftig schienen, heraustreten lassen. Sie wurden von SS-Leuten umstellt, und ihre Nummern wurden notiert. Walter Dürrfeld fragte hie und da nach besonderen Berufen, wie Elektriker oder Schleifer. Damals wurden etwa 1000 bis 2000 Häftlinge ausgewählt und kamen sofort in die Gaskammern. Ich weiß es daher, da die Häftlingsschreibstube, in der ich zu dieser Zeit arbeitete, 2 oder 3 Tage später die Listen erhielt mit der Bemerkung, diese Häftlinge seien vom Stand abzusetzen. Das wurde offiziell SB (Sonderbehandlung) genannt...

11. Die Methode der IG-Farben, nur voll Arbeitsfähige in Buna zu belassen, hat weitaus mehr Todesopfer gekostet, als die individuellen Morde in anderen KZ."[93]

Neben der Tatsache, daß nach Aufforderung der IG-Farben die nicht mehr einsatzfähigen Häftlinge von der SS aussortiert und durch neue ersetzt werden mußten, läßt sich zusätzlich noch ein besonderes wirtschaftliches Interesse der IG-Farben nachweisen, für sie unbrauchbar gewordene KZ-Häftlinge durch „Vergasen" zu beseitigen.

2. Vorteil: Absatzmarkt für „Zyklon B"

Am 3. September 1941, einige Monate nach Beginn des Krieges gegen die Sowjetunion, sollte erstmals in Auschwitz die Wirkung von Zyklon B als Massenvernichtungsmittel von Menschen getestet werden. „Versuchskaninchen" waren 600 russische Kriegsgefangene, ehemals Funktionäre im Staatsapparat der UdSSR, sowie 298 kranke KZ-Häftlinge. Dabei hat sich Zyklon B als eines der wirksamsten Mittel zur

Wochenbericht Nr.126/127

für die Zeit vom 18.10.43 - 31.10.43

Eine Sorge, die von Woche zu Woche brennender wird, bildet die ständig abnehmende Arbeitsmoral auf der Baustelle. Wenn ich auch bei meinem letzten Besuch in Ludwigshafen feststellen konnte, dass auch dort die Arbeitsmoral auf der Baustelle zu wünschen übrig lässt, so ist doch nur auf unserer Baustelle wegen der ausserordentlich bunten Zusammensetzung der Belegschaft, wobei die Häftlinge und kriegsgefangenen Engländer eine besonders bedenkliche Rolle spielen, die Durchführung besonderer Massnahmen notwendig.

Bedauerlich hierbei ist, dass die Gestapo bei der Behandlung von Fragen der Arbeitsbummelei nicht so prompt arbeitet, wie dies von uns gewünscht wird. So werden z.B. Reklamationen bei der Gestapo wegen Behandlung von uns gemeldeter Arbeitsbummelanten mit dem einfachen Hinweis beantwortet, dass sich die Gestapo nicht drängeln liesse. Diese Tatsache allein zeigt, dass man dort noch nicht erkannt hat, um was es geht.

Bezüglich der Behandlung der Häftlinge habe ich zwar stets dagegen opponiert, dass Häftlinge auf der Baustelle erschossen oder halbtot geschlagen werden. Ich stehe jedoch auf dem Standpunkt, dass eine Züchtigung in gemässigten Formen unbedingt notwendig ist, um die nötige Disziplin unter den Häftlingen zu wahren. Es geht nicht an, dass ein Häftling einem Meister nachruft: "Dich werden wir auch noch von Deinem Fahrrad herunterholen."

Dasselbe gilt aber auch für einen Teil der Polen und Ukrainer. Es war von jeher üblich, dass ein energischer und tatkräftiger deutscher Polier auf der Baustelle auch einmal handgreiflich wurde und es hat Zeiten gegeben, in denen es der jugendliche Geselle dem Meister durchaus nicht übel nahm, wenn er für eine Dummheit, die er gemacht hatte, eine Backpfeife bekam. Dass man nun

Dasselbe gilt auch für die englischen Kriegsgefangenen.
Die zur Verfügung stehenden Wachmannschaften sind so schlapp und teilweise von einer so minderwertigen Moral, dass unter ihren Schützlingen einfach keine Arbeitsmoral und keine Disziplin herrschen kann Dazu kommt noch, dass die englischen Kriegsgefangenen mit Liebesgaben überschüttet werden. Zigaretten und Schokolade verschenken sie an die Polen, Häftlinge und wahrscheinlich auch an die Wachmannschaften. Sie legen eine hochnäsige Haltung an den Tag und ihre Leistungen sind, wenigstens da wo sie in Massen eingesetzt sind, durchaus untardurchschnittlich Der Einsatz von kleinen Gruppen bei der Montage wird dagegen gut beurteilt.

Zu dem Kapitel Arbeitsmoral könnten noch zahllose Einzelbeispiele genannt werden, alle zusammen sind jedoch ein Hinweis darauf, dass hier schnellstens Wandel geschaffen werden muss.

gez.Faust

aus: *Arbeitsgruppe der ehemaligen Häftlinge des Konzentrationslagers Auschwitz beim Komitee der antifaschistischen Widerstandskämpfer in der DDR (Hrsg.): IG-Farben, Auschwitz, Massenmord – Dokumente zum Auswitz-Prozeß I, Berlin 1964, S. 30* rationalisierten Menschenvernichtung bewährt. Seit 1942 gelangte Zyklon B zu diesem Zwecke dann auch voll zum Einsatz. Die vier in Auschwitz-Birkenau, dem Vernichtungslager des Gesamtkomplexes, vorhandenen Krematorien wurden dazu mit Gaskammern versehen, die speziell für die Anwendung von Zyklon B eingerichtet wurden. Die Leistungsfähigkeit aller Gaskammern belief sich auf etwa 60 000 Menschen in 24 Stunden.[94]

Was ist aber nun Zyklon B?

„Zyklon B besitzt die Gestalt von Siliziumerdbrocken in Bohnengröße. Diese Brocken sind mit einem Präparat getränkt, das unter Einwirkung von Feuchtigkeit und erhöhter Temperatur Zyanwasserstoff ausströmt. Es ist eines der gefährlichsten Gifte. Bei Menschen wirkt Zyanwasserstoff schon tödlich bei der Einatmung von Luft, die je Liter ungefähr 0,12 mg dieses Giftes enthält. Zyanwasserstoff unterbricht die Tätigkeit der Fermente, die die Abgabe von Sauerstoff durch die roten Blutkörperchen an das Zellengewebe ermöglichen und verursacht auf diese Weise infolge inneren Erstickens den Tod. Dieser Prozeß ist von Lähmungserscheinungen des Atemzentrums, verbunden mit Angst- und Schwindelgefühlen, sowie Erbrechen begleitet. Bei einem entsprechend starken Zyanwasserstoffgehalt der Luft tritt der Tod fast unmittelbar ein."[95]

Was hat aber dieses Zyklon B mit der IG-Farben zu tun? Ist es denn dort hergestellt worden?

Dem scheint zunächst nicht so zu sein. Der Hersteller von Zyklon B war die Deutsche Gesellschaft für Schädlingsbekämpfung, DEGESCH. Eine genauere Untersuchung zeigt jedoch, daß die IG-Farben mit 42,5 Prozent an der DEGESCH beteiligt gewesen ist. Fünf Vorstandsmitglieder der IG-Farben – Max Brüggemann, Heinrich Hörlein, Wilhelm Mann, Karl Wurster und Herr Weber-Andreae – vertraten die Interessen der IG-Farben im Aufsichtsrat der DEGESCH.[96]

Um möglichst keine Verbindungen zwischen der IG-Farben und den nach Auschwitz gelangten Zyklon B Lieferungen erkennen zu können, wurde der Vertrieb über einen Zwischenhändler, die Handelsgesellschaft von Dr. Tesch und Stabenow, TESTA organisiert. Die Geschäftsberichte von DEGESCH und TESTA beweisen, daß 1942 7 478,6 kg und 1943 12 174,09 kg Zyklon B nach Auschwitz geliefert wurden.[97] Es sei nochmals darauf hingewiesen, daß zum Töten von Menschen eine Konzentration von 0,12 mg Zyanwasserstoff/l Luft ausreichend sind! Der Handel mit dem menschentötenden Gift steigerte den Reingewinn von 45 735,78 RM im Jahre 1941 auf 127 985,79 RM im Jahre 1943.[98] An dem Gewinnanteil der DEGESCH war dann die IG-Farben mit 42,5 Prozent beteiligt.

3. Vorteil: Kürzung von Forschungsausgaben

Um langwierige Forschungen und Untersuchungen über die Wirkungsweise von in der Entwicklung befindlichen Medikamenten, die ja mit einer Kostenbelastung der IG-Farben verbunden gewesen wäre, zu vermeiden, wurden die dazu notwendigen Untersuchungsreihen in Zusammenarbeit mit der SS an lebenden KZ-Häftlingen durchgeführt. So wurden Häftlinge z. B. als Versuchsobjekte für die Fleckfieberforschung der IG-Farben verwendet. Neben diesen Fleckfieberversuchen mit Nitroakridin-Präparat 3582, mit Rutenol, mit dem Bayer-Präparat B 1034 und mit Methylenblau wurden im Auftrage der IG-Farben in Auschwitz noch Tbc-Versuche mit den obengenannten Präparaten sowie Versuche mit dem Blutersatzstoff Periston durchgeführt.[99] Dies geschah durch Angestellte der IG-Farben in Zusammenarbeit mit Nazi-Ärzten.[100] Einer von diesen Ärzten war der SS-Obersturmbannführer Dr. med. Hellmuth Vetter, der bei der IG-Farben (BAYER) als wissenschaftlicher Repräsentant angestellt war.[101] Wegen seiner verbrecherischen Tätigkeit wurde Vetter 1947 von einem amerikanischen Militärgerichtshof zum Tode verurteilt und 1949 hingerichtet.[102]

DOCUMENT Nr. NI - 11 417
Cont'd

(Page 159 of original.).

Dr. W/T.

Herrn

SS-Obersturmfuehrer Dr. V e t t e r
Konzentrationslager

A u s c h w i t z /Oberschlesien
SS-Revier
den 27.Januar 1943.

Sehr geehrter Herr Dr. Vetter!

Bei einer Besprechung der Frage Fleckfieberpraeparat
3582 aus Anlass der Anwesenheit von Herrn Dr. Koenig
haben wir festgestellt, dass in Bezug auf die Vertraeg-
lichkeit dieses Praeparates noch einige Unklarheiten
bestehen, die wir Ihnen nachstehend genau schildern
moechten.

uebereingekommen, Ihnen diesen Sachverhalt hiermit mit-
zustellen und Sie zu bitten, moeglichst umgehend einige
Versuchsreihen anzusetzen, die lediglich die Klaerung
der Vertraeglichkeitsfrage zum Ziele haben. Wir lassen
Ihnen daher weitere

25 Roehrchen Tabletten u.
25 Packungen Granulat

zugehen und bitten Sie freundlichst, diese an je 25 Ver-
suchspersonen zu verfuettern und zu registrieren, ob bei
Verabfolgung auf nicht geleerten Magen und zusammen mit

Sofern Sie aber zurzeit nicht ueber Fleckfieberkranke
verfuegen, bitten wir Sie, die Versuche an anderen Ver-
suchspersonen, und zwar moeglichst solchen mit Darm-

erkrankungen durchzufuehren, weil diese in der Vertraeg-
lichkeit vielleicht dem Fleckfieberkranken am naechsten
stehen duerften.

Der Mitteilung Ihrer Erfahrungen sehen wir mit Interesse
entgegen und bleiben mit

Heil Hitler!

I.G. FARBENINDUSTRIE AKTIENGESELLSCHAFT

/t/gez.: Dr. Weber (Unterschrift)
/s/ Dr. Koenig.

aus: *Gruppe der ehemaligen Häftlinge des Konzentrationslagers Auschwitz beim Komitee der antifaschistischen Widerstandskämpfer in der DDR: IG-Farben, Auschwitz, Experimente – Dokumente zum Auschwitz-Prozeß III, Berlin 1965, S. 43*

Die verantwortlichen IG-Farben Vertreter trafen jedoch auch Vorbereitungen dazu, daß sie nicht mit solchen, die Würde des Menschen gänzlich mißachtenden Versuchsreihen in Verbindung gebracht werden konnten. So teilte man den mit der Durchführung solcher Versuchsreihen betrauten IG-Ärzten mit, daß diese vertraulich behandelt werden sollen und daß die IG-Farben „offiziell von den Versuchen an Menschen resp. keine Kenntnis haben (dürfe)".[103]

Daß die IG-Farben im Interesse ihrer Forschung den reinsten Menschenhandel betrieb, belegen die Fragmente eines Briefwechsels zwischen der zur IG gehörenden Firma BAYER und der Lagerleitung von Auschwitz, der hier auszugsweise aufgeführt ist: „Bezüglich des Vorhabens von Experimenten mit einem neuen Schlafmittel würden wir es begrüßen, wenn Sie uns eine Anzahl von Frauen zur Verfügung stellen würden..." „Wir erhielten Ihre Antwort; jedoch erscheint uns der Preis von RM 200,– pro Frau zu hoch. Wir schlagen vor, nicht mehr als RM 170,– pro Kopf zu zahlen. Wenn Ihnen das annehmbar erscheint, werden wir Besitz von den Frauen ergreifen. Wir brauchen ungefähr 150 Frauen..." „Wir bestätigen Ihr Einverständnis. Bereiten Sie für uns 150 Frauen in bestmöglichstem Gesundheitszustand vor, und sobald Sie uns mitteilen, daß sie soweit sind, werden wir diese übernehmen..." „Erhielten den Auftrag für 150 Frauen. Trotz ihres abgezehrten Zustandes wurden sie als zufriedenstellend befunden. Wir werden Sie bezüglich der Entwicklung der Experimente auf dem Laufenden halten..." „Die Versuche wurden gemacht. Alle Personen starben. Wir werden uns bezüglich einer neuen Sendung bald mit Ihnen in Verbindung setzen."[104]

Die hier aufgeführten Beispiele umfassen natürlich nur einen kleinen Teil der in Auschwitz durchgeführten Versuchsreihen. Es sei im Rahmen dieser Schrift lediglich noch hingewiesen auf die in Auschwitz durchgeführten zahlreichen Versuchsreihen zur Unfruchtbarmachung und zur Erforschung von röntgenologischen Aufnahmemöglichkeiten, denen die Häftlinge hilflos ausgesetzt waren und die Tausenden das Leben kosteten. Auch hierbei fehlte natürlich keineswegs das Engagement der IG-Farben. Besonders intensiv waren mit der Durchführung dieser Versuchsreihen der IG-Propagandist Dr. Capesius und der IG-Chemiker Dr. Göbel betraut. Die amerikanische Anklagebehörde im IG-Farben-Prozeß gelangte bereits 1948 zu der Feststellung:

„1. unstreitig sind verbrecherische Experimente von SS-Ärzten an Konzentrationslagerhäftlingen vorgenommen worden,

2. diese Experimente sind zu dem ausdrücklichen Zweck erfolgt, die Erzeugnisse der IG zu erproben,

3. manche dieser Experimente sind von Ärzten durchgeführt worden, die die IG mit der Aufgabe betraut hatte, die Wirksamkeit ihrer Medikamente zu erproben,

4. aus den von diesen Ärzten erstatteten Berichten konnte entnommen werden, daß rechtswidrige Experimente vorgenommen worden waren,

5. Medikamente sind von der IG unmittelbar an Konzentrationslager in solchen Mengen versandt worden, daß schon hieraus die Verwendung dieser Medikamente zu unlässigen Zwecken hätte gefolgert werden müssen."[105]

4. Vorteil: Aufkauf von Besitz der verstorbenen Häftlinge

Ein weiterer wirtschaftlicher Vorteil für die IG in Auschwitz bestand darin, daß sie sich auch noch an den letzten Habseligkeiten der zum Tode Verurteilten bereichert hat. Seit 1942 begann die IG-Auschwitz damit, Kleider von im KZ verstorbenen Menschen aufzukaufen und an ihre Gefolgschaft weiterzuverkaufen.[106] Der IG-Handlungsbevollmächtigte für Personalangelegenheiten im KZ-Auschwitz-Monowitz, Martin Rosspach, erklärte hierzu vor dem Nürnberger Militärgerichtshof: „1943 wurde in IG-Auschwitz eine Abteilung unter Sylla gebildet, in der an IG-Gefolgschaftsmitglieder Kleider verkauft

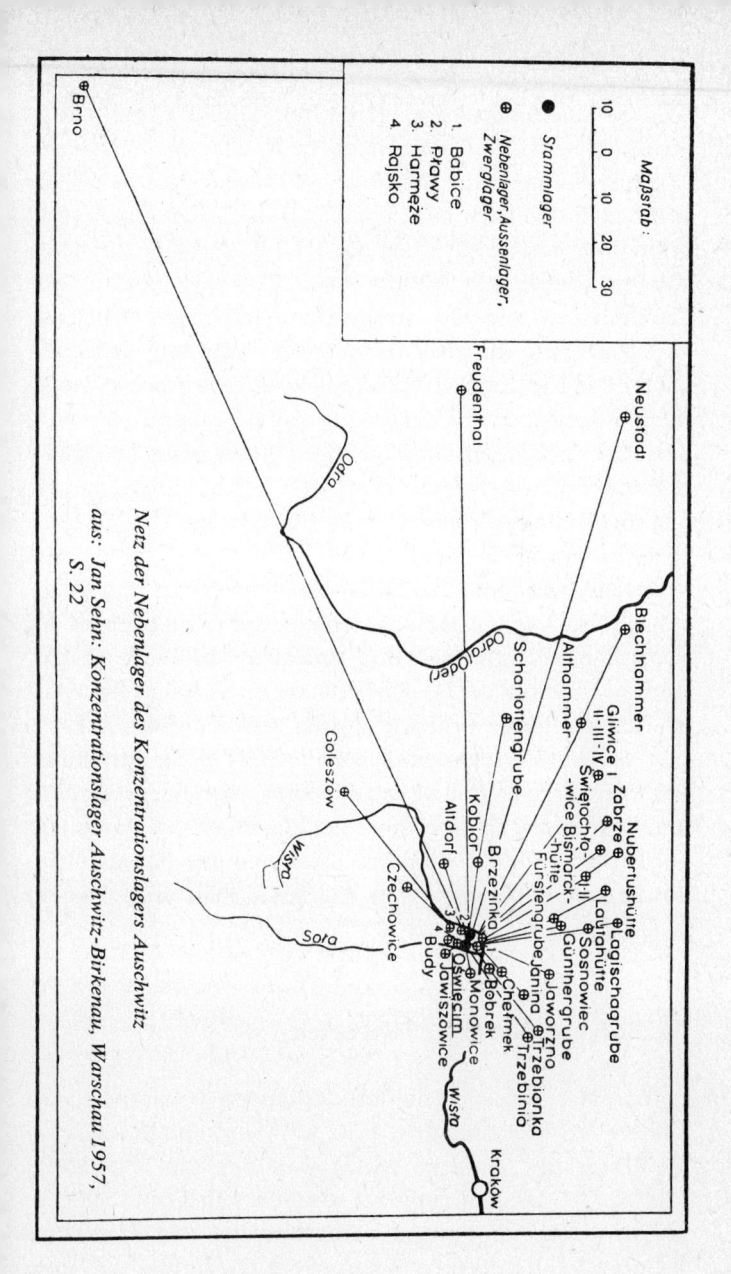

Netz der Nebenlager des Konzentrationslagers Auschwitz

aus: Jan Sehn: *Konzentrationslager Auschwitz-Birkenau*, Warschau 1957, S. 22

wurden, die IG-Auschwitz vom KZ-Auschwitz geliefert bekam. Es handelte sich hierbei um den nach Auschwitz verschleppten Juden abgenommene Kleider. Walter Dürrfeld hat Anfang 1943 hierüber mit Oswald Pohl in Berlin verhandelt. Ich habe mich bei Max Burger, KZ-Auschwitz, erkundigt, wieviel Kleidung der IG zur Verfügung gestellt werden konnte und ich war über die große Anzahl von Kleidern – etwa 25 000 – erschrocken. Ich erinnere mich an eine Rechnung von etwa 100 000,– RM, die Sylla bezahlen sollte. Die Kleidung wurde in der IG zunächst entwest und dann aufgestapelt. Es handelte sich um Frauen-, Männer- und Kinderkleidung, einschließlich Unterwäsche. Die Kleider wurden zunächst an Ostarbeiter verteilt und dann an andere IG-Angehörige verkauft."[107] Auch eine Möglichkeit, seine Profite zu erhöhen!

In Auschwitz bot also ein KZ-Häftling im Extremfall den IG-Farben Kapitalisten wie Schmitz und Schnitzler bis zu viermal die Möglichkeit ihre Profite zu erhöhen: einmal durfte er sich von der IG-Farben seine menschliche Arbeitskraft bis zur Neige ausbeuten lassen, anschließend war er so frei, sich als Versuchskaninchen der IG-Farben Forschung zur Verfügung zu stellen, um dann den dabei hervorgerufenen Leiden ein Ende zu bereiten, durfte er sich durch ein IG-Farben Produkt vergasen lassen und überläßt dafür in dankbarer Aufmerksamkeit der IG-Farben seine letzten Habseligkeiten.

Gewinnentwicklung der IG-Farben

In seiner Apologie auf die IG-Farben behauptete das frühere Vorstandsmitglied Fritz ter Meer, daß der Zweite Weltkrieg der härteste Schlag war, den die IG treffen konnte.[108] Daß dem nicht so gewesen sein kann, belegen alleine schon die unter Verantwortung von Hermann Schmitz veröffentlichten Bilanzen der IG-Farben, die dann vorsorglicherweise auch nur bis 1941 angefertigt wurden. Diese Bilanzen weisen die nachfolgend aufgeführten Reingewinne aus[109]:

1925	67 597 902,49 RM
1926	68 718 255,37 RM
1927	100 812 133,26 RM
1928	118 458 169,— RM
1929	104 597 746,29 RM
1930	89 217 988,40 RM
1931	44 515 020,06 RM
1932	Angaben fehlen
1933	49 143 347,— RM
1934	50 981 071,50 RM
1935	51 439 841,— RM
1936	55 434 374,— RM
1937	54 853 328,75 RM
1938	55 180 000,— RM
1939	56 071 000,— RM
1940	58 756 000,— RM
1941	71 080 000,— RM
1942	Angaben fehlen
1943	Angaben fehlen
1944	Angaben fehlen

Obwohl die Bilanzen der IG-Farben AG nur bis zum Jahre 1941 veröffentlicht wurden, ist klar erkennbar, daß selbst die offiziell ausgewiesenen Reingewinne[110] ständig im Steigen begriffen sind. Für das Jahr 1941, also zur Zeit des Überfalls auf die Sowjetunion, kann eine Steigerung des Reingewinnes um fast 13 Millionen RM gegenüber dem Vorjahr nachgewiesen werden. Nach dem Kriege sind Berechnungen über die reale Gewinnentwicklung der IG-Farben angestellt worden. Dabei gelangte man zu folgenden Werten[111]:

1933	48 Millionen RM
1937	231 Millionen RM
1939	363 Millionen RM
1943	822 Millionen RM

Diese Werte zeigen die Tendenz der realen Gewinnentwicklung wesentlich deutlicher auf, als die unter Verantwortung von Finanzdirektor Schmitz angefertigten Bilanzen. Aber selbst diese genügen schon, um die von Fritz ter Meer aufgestellte Behauptung zu widerlegen. Übrigens widerlegen die von anderen Vorstandsmitgliedern gemachten Aussagen selbst die oben aufgeführte Behauptung von ter Meer. So erklärte Georg von Schnitzler, daß „die ganze Umsatzsteigerung der IG von etwas über eine Milliarde Mark auf 3 Milliarden Mark im Jahre 1943... zu 100 Prozent das Ergebnis der Wiederaufrüstungs- und Kriegspolitik der deutschen Regierung (war)".[112] Die offiziell ausgewiesenen Reingewinne belegen auch die Abhängigkeit der Höhe der Profite von den jeweiligen wirtschaftspolitischen Bedingungen, denen die IG-Farben ausgesetzt war: während ihre Gründung 1925 zunächst zu einer Steigerung der Gewinne führte, wirkte zeitlich etwas verspätet die Weltwirtschaftskrise in die entgegengesetzte Richtung. Obwohl für 1932 – also kurz vor der faschistischen Machtergreifung – keine Angaben vorliegen, ist davon auszugehen, daß die IG-Farben damals die niedrigste Gewinnrate zu verzeichnen hatte. Erst mit der faschistischen Machtübernahme schlägt die Gewinnentwicklung wieder um. Jahr für Jahr ist jetzt ein konstantes Steigen der Gewinne festzustellen. Diese Steigerung wird dann mit dem Beginn des Zweiten Weltkrieges nochmals stark beschleunigt. Die Betrachtung der Gewinnentwicklung der IG-Farben macht nochmals deutlich: zur Erzielung höchstmöglicher Profite war die Errichtung und Durchführung der faschistischen Diktatur sowie die Durchführung des Zweiten Weltkrieges eine objektive Notwendigkeit für IG-Kapitalisten wie Hermann Schmitz, Georg von Schnitzler oder Fritz ter Meer geworden. Aus ihrem wirtschaftlichen Interesse heraus haben sich also die IG-Farben Verantwortlichen maßgeblich bei der Errichtung der Nazi-Diktatur beteiligt. Gestützt auf die Machtbasis der IG-Farben und anderer führender Monopole gelang es den Nationalsozialisten, sich im Deutschen Reich durchzusetzen. Gleichzeitig versuchten dabei führende Vertreter der IG-Farben, viele möglichst einflußreiche Ämter im Staatsapparat mit eigenen Leuten zu besetzen, um somit eine immer größer werdende Abhängigkeit der zu betreibenden Politik von den IG-eigenen Interessen zu erlangen. Die Macht der IG-Farben verschmolz dabei mit der des Nazi-Staates zu einem Gesamtmechanismus, welcher einzig und alleine im Interesse einer Profitmaximierung der IG-Farben wirkte. Jene durch die IG-Farben erreichte „Verflechtung von Monopolapparat und Staatsapparat konnte (überhaupt) nicht weitergehen – es sei denn, man verstaatlichte die Monopole oder privatisierte den Staat auch offiziell".[113]

Ein anschauliches Beispiel für die Vereinigung der Macht des Staates mit der der Monopole zeigt die Verwendung des Siegels „Dies ist ein Staatsgeheimnis". Dieser Stempel diente den Nazis dazu, für sie wichtige Dokumente zu Staatsgeheimnissen zu erklären und damit deren Zugänglichkeit den Volksmassen vorzuenthalten. Man sollte nun annehmen, daß die Verfügungsgewalt über die Benutzung dieses Siegels auf den Staatsapparat beschränkt blieb. Dem war aber nicht so. In den Handakten des ehemaligen Leiters der IG-Farben Agfa-Betriebe, Fritz Gajewski, wurde z.B. dieser Stempel gefunden.[114] Das bedeutet, daß auch „die Direktoren der IG-Farben bestimmten, welche Dokumente zu Staatsgeheimnissen erklärt wurden".[115] Auch die politischen Vorstellungen der Nationalsozialisten boten den IG-Farben Vertretern zahlreiche Möglichkeiten, die Weltwirtschaftskrise zu überwinden und die eigenen Profite zu vermehren. Die Ausschaltung der Arbeiterbewegung, ihrer

Parteien und Gewerkschaften durch die Nazis war schon lange ein Anliegen der IG-Kapitalisten. Denn dadurch konnten die Lohnkosten gesenkt, die Profite aber gleichzeitig gesteigert werden. Überhaupt, die gesamte Weltanschauung der Nazis, an die natürlich die IG-Kapitalisten selbst nicht glaubten, wurde aber von diesen zur Steigerung ihrer Profite verwertet, so z. B. die von den Nazis vertretene Rassenideologie. In einer von der IG-Farben erlassenen Weisung heißt es dann: „Russische Frauen können ohne weiteres an Männerarbeit gestellt werden, wie überhaupt irgendwelche Rücksichten auf Schutzbestimmungen der Arbeitszeit oder Gewerbeordnung unangebracht sind."[116] Auch eine Möglichkeit, seine Profite zu steigern! Selbstverständlich fand auch der Antisemitismus als eine besondere Form der Rassenideologie das Gefallen eines IG-Kapitalisten wie Hermann Schmitz. So konnte dieser sich doch aktiv unter dem Vorwand der „Arisierung" an Raubzügen gegen Banken mit jüdischen Besitzern beteiligen.[117] Die IG-Farben unterstützte, unabhängig von seiner wissenschaftlichen Haltbarkeit, alles, was dazu verwertet werden konnte, die eigenen Profite zu steigern.

---

1 Richard Sasuly, a. a. O., S. 133.
2 Rede von Carl Duisberg, zit. nach: Richard Sasuly, ebenda, S. 86f.
3 IMT, Dok. NI-6903, zit. nach: Hans Radandt, a. a. O., S. 23.
4 Cuno Horkenbach, Das deutsche Reich 1918 bis heute, Berlin 1935, S. 438; zit. nach: Hans Radandt, ebenda, S. 23.
5 Ausführlichere Angaben hierzu vgl.: Urteil im IG-Farben-Prozeß, a. a. O., S. 10–19; eine ausführliche Aufzählung staatsmonopolistischer Machtpositionen führender IG-Farben Vertreter beinhaltet eine eidesstattliche Erklärung von Max Ilgner, MGN, IG-Farben-Prozeß, Dok. NI-6713, abgedruckt in: Jürgen Kuczynski, Die Geschichte der Lage der Arbeiter unter dem Kapitalismus, Bd. XVI, Berlin 1963, S. 227–230.
6 Vgl. eidesstattliche Erklärung von Heinrich Gattineau, MGN, IG-Farben-Prozeß, Dok. NI-4833; abgedruckt in: Jürgen Kuczynski, a. a. O., S. 185.
7 Ebenda, zit. nach: Jürgen Kuczynski, ebenda.
8 Vgl. Urteil im IG-Farben-Prozeß, a. a. O., S. 145.
9 Auf diese Vorteile wird im Zusammenhang der Errichtung eines vierten Bunawerkes der IG-Farben in Auschwitz noch aufürlicher eingegangen werden.

10 MGN, IG-Farben-Prozeß, Dok. NI-399; zit. nach: Arbeitsgruppe der ehemaligen Häftlinge des Konzentrationslagers Auschwitz beim Komitee der antifaschistischen Widerstandskämpfer in der DDR (Hrsg.), IG-Farben, Auschwitz, Massenmord – Dokumentation zum 1. Auschwitz-Prozeß, Berlin 1964, S. 78.

11 Vgl. dazu Dokument Maurer-Prozeß, Teil I, Bd. II, Bl. 69/70; zit. nach: Arbeitsgruppe der ehemaligen Häftlinge..., ebenda, S. 77. Diese Summe verteilt sich dabei wie folgt auf die einzelnen Jahre: 1933 3584070,– RM, 1934 4020205,– RM, 1935 4515039,– RM, 1936 4960636,– RM, 1937 5467626,– RM, 1938 8156315,– RM, 1939 7539857,– RM, 1940 7471620,– RM, 1941 8057982,– RM, 1942 13436201,– RM, 1943 8588650,– RM und 1944 8402152,– RM.

12 Vgl. eidesstattliche Erklärung von Heinrich Gattineau, MGN, IG-Farben-Prozeß, Dok. NI-4833; abgedruckt in: Jürgen Kuczynski, a.a.O., S. 185.

13 Jürgen Kuczynski, a.a.O., S. 184.

14 Vgl. dazu eidesstattliche Erklärung von Heinrich Gattineau, MGN, IG-Farben-Prozeß, Dok. NI-4833; abgedruckt in: Jürgen Kuczynski, ebenda, S. 186 und in: Hans Radandt, a.a.O., S. 53.

15 Richard Sasuly, a.a.O., S. 184.

16 Ebenda, S. 128.

17 Zu der Konkurrenz zwischen den verschiedenen Wirtschaftsgruppierungen vgl. das noch folgende Kapitel „Im Vierjahresplan".

18 Vgl. Eichholtz/Schumann (Hrsg.), Anatomie des Krieges, Berlin 1969, S. 410.

19 Kiesinger war dort zuständig für die Vorzensur aller Auslandssendungen. Ihm oblag die Vermittlung der allgemeinen außenpolitischen Propagandarichtlinien.

20 Vgl. Eichholtz/Schumann, a.a.O., S. 409.

21 Richard Sasuly, a.a.O., S. 118.

22 Ebenda, S. 115.

23 Ebenda, S. 116.

24 Ebenda, S. 117.

25 Rede von Duisberg auf dem Jahrestag des Bayerischen Industriellenverbandes in München am 24. März 1931; auszugsweise abgedruckt in: Ruge/Schumann, Dokumente zur deutschen Geschichte 1929–1933, Berlin 1975, S. 35.

26 Vgl. Karl Frühholz, Das System der Zwangsarbeit in den Betrieben der IG-Farbenindustrie AG unter den Bedingungen des staatsmonopolistischen Kapitalismus während der Vorbereitung und Durchführung des Zweiten Weltkrieges (Dissertation), Berlin 1964, S. 45.

27 Richard Sasuly, a.a.O., S. 119.

28 Ebenda.

29 Arbeitsgruppe der ehemaligen Häftlinge..., a.a.O., S. 82.

29a Richard Sasuly, ebenda, S. 121.

30 Vgl. G. Baumann, Atlantikpakt der Konzerne, Berlin 1952, S. 21.

31 Eberhard Czichon, Der Primat der Industrie im Kartell der nationalsozialistischen Macht, abgedruckt in: Das Argument, Nr. 47, Karlsruhe 1968, S. 175f.

32 Ebenda, S. 177.

33 Ebenda, S. 173.

34 Ebenda, S. 180.
35 Karl Früholz, a.a.O., S. 27.
36 Vgl. Richard Sasuly, a.a.O., S. 32.
37 Karl Früholz, a.a.O., S. 32.
38 Vgl. Eberhard Czichon, Der Bankier und die Macht – Hermann Josef Abs in der deutschen Politik, Köln 1970, S. 78.
39 Ebenda, S. 79.
40 Vgl. dazu eidesstattliche Erklärung des Ministerialrats im RW-Ministerium Max Kügler, MGN, IG-Farben-Prozeß, Dok. NI-9945; abgedruckt in: Jürgen Kuczynski, a.a.O., S. 181.
41 Rede von Adolf Hitler in: „Völkischer Beobachter" vom 10.9.1936 als Beweis-Dokument im IMG, IG-Farben-Prozeß, Dok. NI-8459; vgl. dazu Eberhard Czichon, a.a.O., S. 79.
42 Vgl. ebenda, S. 80.
43 Vgl. ebenda.
44 Eidesstattliche Erklärung von Max Kügler, IMG, IG-Farben-Prozeß, Dok. NI-9945; abgedruckt in: Jürgen Kuczynski, a.a.O., S. 181.
45 Vgl. Eberhard Czichon, Der Primat der Industrie..., a.a.O., S. 182.
46 Zur Gewinnentwicklung der IG-Farben vgl. das dazugehörige Kapitel.
47 Berthold Puchert, Fragen der Wirtschaftspolitik des deutschen Faschismus im okkupierten Polen von 1939 bis 1945 mit besonderer Berücksichtigung der IG-Farbenindustrie AG (Dissertation), Berlin 1968, S. 27.
48 Karl Früholz, a.a.O., S. 45.
49 Ebenda, S. 46.
50 Ebenda.
51 Protokoll der Österreich-Besprechung vom 17.3.1938; zit. nach: Karl Früholz, a.a.O., S. 46f.
52 Ebenda, S. 47.
53 Ebenda.
54 Vgl. dazu Reinhard Opitz (Hrsg.), Europastrategien des deutschen Kapitals 1900–1945, Köln 1977, Dokument 83, Protokoll einer „Tschechoslowakei-Besprechung" der Berliner Zentrale der IG-Farben, S. 639.
55 Vgl. ASTA Uni-Stuttgart/AK Geschichte der IG-Farben, Die IG-Farben – die unschuldigen Kriegsplaner, Stuttgart, o.J., S. 14.
56 Vgl. ebenda.
57 Ebenda.
58 IG-Farben-Prozeß in Nürnberg, Bd. 51, Bl. 22ff, zit. nach: Fritz Krause, Vergessene Programme? – oder: woran CDU, FDP und SPD nicht mehr erinnert werden wollen, Frankfurt/Main 1975, S. 53; vgl. auch Braunbuch, a.a.O., S. 15, Jürgen Kuczynski, Die Geschichte der Lage der Arbeiter unter dem Kapitalismus, Bd. VI, Berlin 1964, S. 45.
59 Berthold Puchert, a.a.O., S. 5.
60 Vgl. ebenda.
61 Ebenda, S. 184.
62 Kurt Krüger vertrat hier Max Ilgner, der seit Winter 1938/39 schwer krank war; vgl. hierzu Jürgen Kuczynski, a.a.O., S. 189.
63 MGN, IG-Farben Prozeß, Dok. NI-8457; zit. nach: Berthold Puchert, a.a.O., S. 186.

64 Vgl. Berthold Puchert, a.a.O., S. 194f.
65 Vgl. ebenda, S. 204f.
66 Vgl. ebenda, S. 197.
67 Ebenda, S. 196.
68 Ebenda, S. 248.
69 Vgl. ebenda, S. 251.
70 MGN, IG-Farben Prozeß, Dok. NI-6160; zit. nach: Jürgen Kuczynski, a.a.O., S. 206–209.
71 Karl Marx, Das Kapital I, Verlag Marxistische Blätter, Frankfurt a.M. 1976, S. 788.
72 Vgl. Karl Früholz, a.a.O., S. 53.
73 Vgl. Denkschrift von Richard Riedl, Aufsichtsratsvorsitzender der zur IG-Farben gehörenden Donau Chemie AG, abgedruckt in: Reinhard Opitz, a.a.O., S. 948ff.
74 Vgl. Arbeitsbericht des Generalbevollmächtigten für Sonderfragen der chemischen Erzeugung, Carl Krauch, über Zielsetzung, Stand und Erfordernisse der Kriegsvorbereitung vor dem Generalrat des Vierjahresplanes vom 28. April 1939; abgedruckt in: ebenda, S. 650.
75 Vgl. Karl Früholz, a.a.O., S. 57.
76 Ebenda, S. 57.
77 Vgl. eidesstattliche Erklärung von Rudolf Höß, Kommandant im KZ-Auschwitz, Dok. NI-034 und NI-4434; abgedruckt in: Eichholtz/Schumann, a.a.O., S. 477.
78 Vgl. ASTA Uni-Stuttgart/AK Geschichte der IG-Farben, a.a.O., S. 22.
79 Arbeitsgruppe der ehemaligen Häftlinge…, a.a.O., S. 5f.
80 Vgl. MGN, IG-Farben-Prozeß, Dok. NI-11784 als Faksimile abgedruckt Seite 62.
81 Vgl. Besuchsbericht einer Besprechung mit dem Lagerkommandanten in Auschwitz vom 27.3.1941 angefertigt von IG-Oberingenieur Dürrfeld; abgedruckt in: Arbeitsgruppe der ehemaligen Häftlinge…, a.a.O., S. 18.
82 Vgl. Jan Sehn, Konzentrationslager Auschwitz-Birkenau, Warschau 1957, S. 75.
83 Vgl. ebenda.
84 Vgl. Arbeitsgruppe der ehemaligen Häftlinge…, a.a.O., S. 14 u. S. 19.
85 Vgl. dazu Besuchsbericht einer Besprechung mit dem Lagerkommandanten in Auschwitz vom 27.3.1941, angefertigt von IG-Oberingenieur Dürrfeld; abgedruckt in: Arbeitsgruppe der ehemaligen Häftlinge…, a.a.O., S. 18.
86 Vgl. Aktennotiz von Walter Dürrfeld zur Gestellung von Häftlingen vom 26. Mai 1942; abgedruckt in: Arbeitsgruppe der ehemaligen Häftlinge des Konzentrationslagers Auschwitz beim Komitee der antifaschistischen Widerstandskämpfer in der DDR und dem Nationalrat der nationalen Front des demokratischen Deutschland: IG-Farben, Auschwitz, Experimente – Dokumente III zum 2. Auschwitz Prozeß, Berlin 1965, S. 18.
87 Vgl. Wochenbericht Nr. 31 und 32 für die Zeit vom 22.–28.12.1941 und 29.12.1941–4.1.1942 in IG-Auschwitz, angefertigt von Max Faust; abgedruckt in: Arbeitsgruppe der ehemaligen Häftlinge… Dokumente I, a.a.O., S. 68.

88 MGN, IG-Farben-Prozeß, Dok. NI-4829; abgedruckt in: Arbeitsgruppe der ehemaligen Häftlinge... Dokumente I, S. 32.
89 Ebenda, S. 33.
90 Ebenda, Dokumente III, S. 21.
91 Vgl. eidesstattliche Erklärung des Häftlings Josef Jakubik, MGN, IG-Farben-Prozeß, Dok NI-9818; abgedruckt in: ebenda, Dokumente I, S. 31.
92 Vgl. Wochenbericht Nr. 126/127 der IG-Auschwitz für die Zeit vom 18.10.1943–31.10.1943 angefertigt von Max Faust; abgedruckt Seite 69.
93 MGN, IG-Farben-Prozeß, Dok. NI-12069; abgedruckt in: Reinhard Kühnl, Der deutsche Faschismus in Quellen und Dokumenten, a.a.O., S. 372f.
94 Vgl. Jan Sehn, a.a.O., S. 152 f.
95 Ebenda, S. 153.
96 Vgl. Das Urteil im IG-Farben-Prozeß, a.a.O., S. 107f.
97 Vgl. Jan Sehn, a.a.O., S. 154f.
98 Vgl. ebenda, S. 155.
99 Vgl. hierzu: Arbeitsgruppe der ehemaligen Häftlinge... Dokumente III, a.a.O., S. 37.
100 Vgl. MGN, IG-Farben-Prozeß, Dok. NI-11417; fragmentarisch abgedruckt Seite 72.
101 Vgl. MGN, IG-Farben-Prozeß, Dok. NI-12447; abgedruckt in: Arbeitsgruppe der ehemaligen Häftlinge... Dokumente III, a.a.O., S. 47.
102 F.K. Kaul, Ärzte in Auschwitz, Berlin 1968, S. 337.
103 Vgl. MGN, IG-Farben-Prozeß, Dok. NI-12184; abgedruckt in: Arbeitsgruppe der ehemaligen Häftlinge... Dokumente.
104 MGN, IG-Farben-Prozeß, Dok. NI-7184; zit. nach: Jan Sehn, a.a.O., S. 89f.
105 Arbeitsgruppe ehemaliger Häftlinge... Dokumente III, a.a.O., S. 49.
106 Eidesstattliche Erklärung von Eduard Baar von Baarenfels, MGN, IG-Farben-Prozeß, Dok. NI-9817; abgedruckt in: ebenda, Dokumente I, a.a.O., S. 75.
107 MGN, IG-Farben-Prozeß, Dok. NI-14287; zit. nach: Jürgen Kuczynski, Die Verflechtung von sicherheitspolizeilichen und wirtschaftlichen Interessen bei der Einrichtung und im Betrieb des KZ Auschwitz und seiner Nebenlager – Gutachten zum 1. Auschwitz-Prozeß in Ffm, vorgelegt am 19. März 1964.
108 Vgl. Fritz ter Meer, Die IG-Farben – ihre Entstehung, Entwicklung und Bedeutung, Düsseldorf 1953, S. 112.
109 Angaben entnommen den Bilanzen der IG-Farben, Originale beim DWI Berlin. Zit. nach: Gisela Kahl, a.a.O., S. 30.
110 Die in den Bilanzen ausgewiesenen Reingewinne entsprechen nicht den tatsächlichen Profiten des Chemiegiganten. Völlig unberücksichtigt bleiben hierbei die Gewinne der im Ausland bestehenden Tarnunternehmungen der IG-Farben. Aber auch wenn wir uns auf die im Deutschen Reich erwirtschafteten Gewinne beschränken, so sind diese durch zahlreiche Möglichkeiten der Manipulation möglichst niedrig gehalten. So werden in bürgerlichen Bilanzen Gewinne als Verluste aufgeführt. So werden z.B. Steuern und die Gehälter für Vorstands- und Aufsichtsratsmitglieder als den Gewinn verringernde

Ausgaben aufgeführt, obwohl es sich dabei ja um einen Teil des Gewinnes handelt.
111 Vgl. dazu Informationsblätter der Abteilungen 50–55 des historischen Museums in Frankfurt/Main, Ffm. 1976, Blatt 55.01.1 und Braunbuch, a.a.O., S. 26.
112 Eidesstattliche Erklärung von Georg von Schnitzler, MGN, IG-Farben-Prozeß, Dok. NI-5196; abgedruckt in: Hans Radandt, a.a.O., S. 83.
113 Jürgen Kuczynski, Die Geschichte der Lage der Arbeiter unter dem Kapitalismus, Bd. XVI, a.a.O., S. 191.
114 Vgl. Janis Schmelzer, Dies war ein Staatsgeheimnis, Wolfen, o.J., S. 5f.
115 Ebenda, S. 6.
116 Archiv des VEB Filmfabrik Wolfen, Bestand: IG-Farben; abgedruckt in: Braunbuch, a.a.O., 21.
117 Vgl. G. Baumann, Eine Handvoll Konzernherren, Berlin 1953, S. 55.

Die Rolle von H. Schmitz im Faschismus

Hier wollen wir nochmals die Bedeutung, die Hermann Schmitz im deutschen Faschismus zukam, untersuchen. Erinnern wir uns: die bis zur Machtergreifung der NSDAP so erfolgreich verlaufende Karriere von Hermann Schmitz war dies eben nur deshalb, weil er seine Kenntnisse und Fähigkeiten immer im Interesse des Großkapitals eingesetzt hat. Schmitz schaffte es sogar, durch eine Reihe von glücklichen Umständen und Zufällen selbst Kapitalist zu werden. Geht man dann von der Tatsache aus, daß es das Ziel eines jeden Kapitalisten ist, möglichst viel Profit einzustreichen, so mußte Hermann Schmitz als ein führender Vertreter der IG-Farben alles nur Mögliche unternehmen, um diesem Ziel gerecht zu werden. Schon vor 1933 war das Wirken von Hermann Schmitz im IG-Farben Konzern an der Erzielung von Maximalprofiten orientiert. Hingewiesen sei in diesem Zusammenhang nur nochmals auf seine Aktivitäten hinter den Kulissen des Kabinetts Brüning. Die zu dieser Zeit erlassenen „berüchtigten ‚Notverordnungen‘, die dem deutschen Faschismus den Weg bereiteten, entstanden im Direktionsbüro von Hermann Schmitz".[1]

Seine große Stunde kam dann aber erst mit der Machtergreifung durch die Nationalsozialisten. Jetzt endlich konnte er im Sinne einer Ausweitung des deutschen Großkapitals wirken. Um dabei einen möglichst großen Einfluß auf die vom Reich zu betreibende Politik zu erlangen, versuchte Schmitz, Anschluß an die führenden Nazikreise zu finden. Seine besondere Stellung innerhalb der IG-Farben, nämlich deren Interesse wirkungsvoll bei internationalen Wirtschaftsverhandlungen zu vertreten, erforderte aber einen formalen Abstand zu Verbänden zu halten, die eindeutig der NSDAP zugeordnet werden konnten. Denn deren Aktivitäten, wie überhaupt die Politik der Nazi-Partei, fanden nicht die ungeteilte Zustimmung des Auslands. Deshalb ist Hermann Schmitz auch im Gegensatz zu fast allen anderen führenden IG-Vertretern nie Mitglied der NSDAP geworden. Aber freundschaftliche Beziehungen mußten trotzdem hergestellt und ausgebaut werden. Dies geschah dann über die Mitgliedschaft von Hermann Schmitz in der Akademie für deutsches Recht und der Übernahme des Vorstandes im Kuratorium für das „Haus der deutschen Kunst", aber auch durch seine Berufung als „parteiloser" Abgeordneter in den Deutschen Reichstag. Daß Hermann Schmitz mit der Errichtung der faschistischen Diktatur endlich die Möglichkeit eines Wiederaufbaus der deutschen Wirtschaft gekommen sah, verdeutlichte er in seiner Rede

Adolf Hitler begrüßt Geheimrat Schmitz anläßlich der Grundsteinlegung des Hauses der deutschen Kunst in München im Oktober 1933

aus: Von Werk zu Werk, 32. Jahrgang Januar 1941, S. 3

zur Grundsteinlegung des Hauses der deutschen Kunst im Jahre 1933. Hier erklärte er unter Zustimmung von Hitler, daß „die Errichtung des Hauses der deutschen Kunst ein gutes Omen sein (möge) für den Wiederaufbau der deutschen Wirtschaft".[2] Und auch seine in der Grabrede anläßlich des Todes von Carl Bosch gemachte Äußerung: „Man kann sich die Genugtuung vorstellen, die Carl Bosch mit uns Ludwigshafenern empfunden hat, als der Führer und Reichskanzler die Pfalz von den Versailler Ketten befreite und die deutsche Wehrfreiheit wiederherstellte"[3], zeigt unmißverständlich die eigentlichen Nutznießer der Nazi-Diktatur auf. Die von der IG-Farben gewährte Unterstützung für Hitler ist nur zu verständlich, wenn man bedenkt, daß Adolf Hitler mit der Durchsetzung der Wehrfreiheit das erreichte, was Hermann Schmitz eineinhalb Jahrzehnte zuvor als formal Regierungs-, aber eigentlich Monopolvertreter bei den Versailler Verhandlungen nicht gelungen war durchzusetzen. Der nächste bedeutende Höhepunkt in der Karriere von Hermann Schmitz war sein Antritt als Nachfolger des 1935 verstorbenen Vorstandsvorsitzenden der IG-Farben, Carl Duisberg. Damit wurde er zum „führenden Mann des dem Kapital nach größten deutschen Industriekonzerns".[4] Jetzt übernimmt er die Aufgabe, das von Duisberg gesteckte Ziel, einen einheitlichen IG-Farben-Block von Bordeaux bis Odessa und darüber hinaus, zu verwirklichen. Ein erster Schritt hierzu gelang Hermann Schmitz mit der Freistellung des IG-Vorstandsmitgliedes Carl Krauch für Görings Devisen- und Rohstoffstab. Dort gelang es Krauch, die IG-Farben Interessen zur Grundlage des Vierjahresplanes zu machen, wodurch die IG-Farben ihre Vormachtstellung im Kartell der nationalsozialistischen Macht, die sie zunächst an ihre Konkurrenz, die Schwerindustrie, abtreten mußte, zurückerlangt hatte.

Hermann Schmitz wurde dann 1938 zum Wehrwirtschaftsführer ernannt und erhielt im kommenden Jahr für

> **Geheimrat Dr. Hermann Schmitz**
> Vorsitzer des Vorstandes
> der J. G. Farbenindustrie Aktiengesellschaft
> wurde am 20. April 1941
> **das Kriegsverdienstkreuz 1. Klasse**
> verliehen

aus: Von Werk zu Werk, 32. Jahrgang August/September/Oktober 1941, S. 116

sein Engagement bei der Planung und Vorbereitung des Zweiten Weltkrieges das Kriegsverdienstkreuz 2. Klasse. Mit dem Beginn des Zweiten Weltkrieges fanden meist unter seinem Vorsitz zahlreiche Sitzungen des Kaufmännischen Ausschußes der IG-Farben in Berlin NW 7 statt. Hier diskutierte dann Hermann Schmitz zusammen mit den anderen führenden IG-Farben Kapitalisten über ihre wirtschaftlichen Interessen in den eroberten Gebieten. 1941 wurde Hermann Schmitz das Kriegsverdienstkreuz 1. Klasse verliehen. Erst mit der Schaffung der Anti-Hitler-Koalition war das vorläufige Ende der deutschen Imperialisten herangenaht.

Bei der Verhaftung am 7. April 1945 in seinem Haus in Heidelberg durch den heutigen Wirtschaftswissenschaftler Jürgen Kuczynski, leugnete Hermann Schmitz auf naiv-dumm-freche Weise jegliche Beziehung zu NS-Staat und

Partei sowie seine aktive Beteiligung am Krieg.[5] Doch die in den IG-Archiven gefundenen Unterlagen sowie die im Nürnberger Kriegsverbrecherprozeß gemachten Aussagen führender IG-Farben Vertreter haben dies eindeutig widerlegt. Zwar sind bisher der Öffentlichkeit keine Unterlagen aus den IG-Archiven zugänglich geworden, die Auskunft darüber geben, ob und seit wann Hermann Schmitz sich selbst an Terrormaßnahmen, wie sie z. B. im KZ-Auschwitz durchgeführt wurden, in irgendeiner Form aktiv beteiligt hat. Belegbar ist aber, daß Hermann Schmitz zumindest seit Ende 1944 über die Vorgänge in Auschwitz Bescheid wußte.[6] Georg von Schnitzler erklärte hierzu, daß Schmitz ,,über die allgemeinen Vorgänge die Anorgana usw. betreffen (also auch über die Errichtung und Unterhaltung des vierten Bunawerkes der IG-Farben in Auschwitz – K.S.), gehört haben (mußte), da sehr wichtige finanzielle Interessen damit verknüpft waren und Ambros und Müller-Conradi ihm über die Situation in jeder Beziehung Bericht erstattet haben mußten".[7] Dem ist nur zuzustimmen. Alleine aus den Funktionen, die Hermann Schmitz im IG-Farben Konzern innehatte, läßt sich schon ableiten, daß er über die Arbeitsweise des faschistischen Terrorapparates genau Bescheid wußte. Schmitz hätte sich als Finanzminister der IG-Farben selbst disqualifiziert, wenn ihm nicht klar gewesen wäre, daß durch eine Institution wie Auschwitz den Profitinteressen der IG-Farben Rechnung getragen werden konnte. Gerade dort bestand doch die Möglichkeit, die Produktionskosten erheblich zu verringern. Hermann Schmitz wagte es dann noch bei seiner Verhaftung auf die von ihm gegründeten ,,wohltätigen Stiftungen" hinzuweisen, deren Mittel zur Unterstützung von Kriegerwitwen bestimmt seien.[8]

Es ist nicht zh bestreiten, daß Hermann Schmitz zahlreiche Stiftungen u. a. zur Unterstützung von Kriegsopfern oder minderbemittelten Schülern ins Leben gerufen hat. Doch die Linderung des Leides einiger weniger Kriegsopfer wiegt bei weitem nicht den angerichteten Schaden auf. Zum anderen: woher kam denn das Geld, welches Hermann Schmitz für „wohltätige Zwecke" stiftete? Dabei handelte es sich doch letzten Endes um einen Teil jenes Profits, den die IG-Farben Kapitalisten mit Hilfe des faschistischen Unterdrückungsapparates sich auf Kosten der arbeitenden Bevölkerung aneignen konnten. Durch solche Gelder konnten dann auch die IG-Farben Aktien, mit denen Hermann Schmitz und sein Neffe Max Ilgner sich schon in den Jahren 1930/31 reichlich eingedeckt hatten[9], einen beträchtlichen Wertzuwachs erlangen, sowie die Gehälter der IG-Farben Kapitalisten erhöht werden.

Nach dem Zweiten Weltkrieg wurde Hermann Schmitz vom amerikanischen Militärgerichtshof in Nürnberg 1948 zu vier Jahren Gefängnis verurteilt. Wie es zu dieser äußerst milden Strafe kommen konnte, die in keinerlei Relation zu dem Anteil von Hermann Schmitz an den faschistischen Verbrechen an der Menschheit stand, und die er noch nicht einmal voll abzusitzen brauchte, werden wir im folgenden Kapitel nochmals ausführlich untersuchen. Auf jeden Fall wurde Hermann Schmitz beschuldigt, sich an Raubzügen gegen die französische und die norwegische Industrie beteiligt zu haben. Nicht verurteilt wurde er wegen der von ihm als Schreibtischtäter begangenen Verbrechen gegen die Menschheit, wie es seine Beteiligung bei der Vorbereitung und Durchführung des Zweiten Weltkrieges verlangt hätte. Sein gesundheitlicher Zustand erlaubte es Hermann Schmitz nicht mehr, sich nach seiner Haftentlassung besonders engagiert für die Interessen der deutschen Industrie einzusetzen. Nach 1948 war Hermann Schmitz lediglich noch Ehrenvorsitzender des Aufsichtsrates der Rheinischen Stahlwerke sowie Aufsichtsratsmitglied der Deutschen Bank. Am 8. Oktober 1960 stirbt Hermann Schmitz und wird auf dem Darmstädter Waldfriedhof beerdigt. Um einen Überblick über die Bedeutung zu erhalten, die Hermann Schmitz vor 1945 zukam, sei an dieser Stelle nochmals eine Zusammenstellung seiner Funktionen aufgeführt, soweit sie in einschlägigen Handbüchern ausgewiesen werden konnten[10]:

Hermann Schmitz: (Wehrwirtschaftsführer) *Vorsitzender des Vorstandes:* IG-Farbenindustrie AG, Frankfurt/Main, American IG Chemical Corporation, New York, *Präsident der Europäischen Stickstoffkonvention (Cia). Präsident des Verwaltungsrates:* Internationale Gesellschaft für Stickstoff-Industrie AG, Basel, Internationale Gesellschaft für Chemische Untersuchungen AG (IG-Chemie), Basel. *Geschäftsführer:* Ammoniakwerke Merseburg GmbH, Leunawerk, Kreis Merseburg. *Vorsitzender des Aufsichtsrates:* AG für Stickstoffdünger, Knappsack, Krs. Köln, Deutsche Celluloid-Fabrik AG, Eilenburg, Deutsche Industriebank AG, Berlin, Deutsche Länderbank AG, Berlin, Dynamit AG vorm. Alfred Nobel & Co., Troisdorf, Köln-Rottweil AG, Berlin, Rheinische Stahlwerke, Essen, A. Riebeck'sche Montanwerke AG, Halle/Saale, Wolff & Co. KG a.A., Walsrode. *Stellvertretender Vorsitzender des Aufsichtsrates:* Gesellschaft für Landeskultur mbH, Halle/Saale, Siedlungsgesellschaft Eigenheim mbH, Halle/Saale, Steinkohlen-Bergin-AG, Berlin, Vereinigte Stahlwerke AG, Düsseldorf. *Aufsichtsratmitglied:* Allianz Versicherungs-AG, Berlin, American IG Chemical Corporation, New York, Bank für internationalen Zahlungsausgleich, Basel, Deutsche Bank, Berlin, Deutsche Bank und Disconto-Gesellschaft, Berlin, Deutsche Reichsbahngesellschaft, Berlin, Kalle & Co. AG, Wiesbaden Biebrich, Metallgesellschaft AG, Frankfurt/Main, Maatschappij voor Kolen – en Olie-Techniek (Makot), Haag, Norddeutsche Affinerie, Hamburg, Norsk-Hydro-Elektrisk Kvaelstoffaktieselskabet, Oslo, Reichs-Kredit-Gesellschaft AG, Berlin, Rheinische Gummi- und Celluloid-Fabrik, Mannheim-Neckarau, Stickstoff-Syndikat GmbH, Berlin. *Beiratsmitglied:* Deutsche Reichsbank, Berlin. *Mitglied:* Akademie für

Deutsches Recht, München, Ausschuß für Aktienrecht bei der Akademie für Deutsches Recht, München, Bezirksausschuß der Reichsbankstelle Ludwigshafen, Ludwigshafen a. Rh., Grubenvorstand der Gewerkschaft Auguste Viktoria, Hüls Krs. Recklinghausen, Siebener Ausschuß der Deutschen Golddiskontbank, Berlin, Währungsausschuß der Reichsbank, Berlin, Zentralausschuß der Reichsbank, Berlin. *Stellvertretendes Mitglied:* Vorstand des Reichsverbandes der deutschen Industrie, Berlin. *Vorsitzender des Vorstandsrates:* Haus der Deutschen Kunst, München.

Die Bedeutung, die Hermann Schmitz während des deutschen Faschismus innehatte, wurde in der Öffentlichkeit erstmals im Zusammenhang mit seinem 60. Geburtstag, am 1. Januar 1941, ausführlich gewürdigt. Neben zahlreichen Glückwunschtelegrammen von führenden Vertretern aus Wirtschaft, Staat, Partei und Wehrmacht, es gratulierten u. a. der „Führer", Reichsmarschall Göring, Reichsminister Goebbels[11], wird die Bedeutung von Schmitz erstmals in großem Ausmaße auch in der faschistischen Propaganda dargestellt. So schreibt die Zeitschrift „Metallwirtschaft", daß „Hermann Schmitz... für die großen Aufgaben, die der IG-Farben vor allem seit 1933 gestellt wurden, denkbar geeignet (war)".[12] Und „Der Deutsche Volkswirt" stellt die Karriere von Hermann Schmitz sogar als Vorbild einer Unternehmerausbildung dar. Unter der Überschrift „Ein Mann und sein Werk" heißt es dazu: „Die Frage nach der zweckmäßigsten Unternehmerausbildung ist oft erörtert worden. Wollte man Normen aufstellen, die dem Ideal, dem an sich ja nie voll erreichbaren Zustand, so nahe wie möglich kommen, dann könnte man den Lebensweg und das Lebenswerk des Geheimrats Hermann Schmitz als Beispiel hinstellen."[13] Hier wird also von der faschistischen Propaganda selbst Hermann Schmitz zum bedeutendsten Unternehmer im Deutschen Reich erklärt. Zwar sind seine Einflußmöglichkeiten auf die deutsche Politik nach dem

Kriege relativ verschwindend gering gewesen, nicht so aber die der IG-Farben als Monopol.

1 Arbeitsgruppe der ehemaligen Häftlinge... Dokumente I, a.a.O., S. 77.
2 Carl Krauch, Hermann Schmitz – zu seinem 60. Geburtstag; abgedruckt in: Von Werk zu Werk, Monatszeitschrift der Betriebsgemeinschaft der IG-Farben AG, Ausgabe Ludwigshafen, 32. Jahrgang, Januar 1941, S. 3.
3 Gedenkrede zum Tode von Carl Bosch, gehalten von Hermann Schmitz am 1. Mai 1940; abgedruckt in: Von Werk zu Werk..., 31. Jahrgang, Mai 1940, S. 46.
4 Die Bank, Berlin, 34. Jahrgang, 2. Januar 1941, S. 23.
5 Vgl. Jürgen Kuczynski, Die Verflechtung von sicherheitspolizeilichen und wirtschaftlichen Interessen bei der Einrichtung und im Betrieb des KZ-Auschwitz und seiner Nebenlager, a.a.O., S. 3f.
6 Eidesstattliche Erklärung von Georg von Schnitzler, MGN, IG-Farben-Prozeß, Dok. NI-5196; abgedruckt in Hans Radandt, a.a.O., S. 87.
7 Ebenda.
8 Vgl. Jürgen Kuczynski, Die Verflechtung von..., a.a.O., S. 3.
9 Vgl. Eberhard Czichon, Wer verhalf Hitler zur Macht, a.a.O., S. 50.
10 Vgl. Adreßbuch der Direktoren und Aufsichtsräte, Jhrg. 1934 und Jhrg. 1936 Berlin, sowie: Wer leitet? – Die Männer der Wirtschaft und der einschlägigen Verwaltung, Berlin 1940.
11 Eine ausführliche Darstellung der Gratulanten siehe: Von Werk zu Werk, 32. Jahrgang, Februar 1941, S. 18ff.
12 Metallwirtschaft, Berlin, 20. Jahrgang 1941, S. 19.
13 Der deutsche Volkswirt, Berlin, 15. Jahrgang 1940/41, Bd. XV, S. 496.

Der IG-Farben-Prozeß

Das gemeinsame Interesse der Anti-Hitler-Koalition bestand, wie bereits oben angedeutet, darin, die Neuordnungspläne des deutschen Imperialismus, maßgeblich vertreten durch die IG-Farben AG, zu verhindern. Dies bedeutete jedoch nicht, daß jenes Bündnis nicht auch mit Widersprüchen behaftet war, die sich aber erst später bemerkbar machen sollten. So bestand natürlich weiterhin die antikommunistische Grundhaltung der kapitalistisch organisierten Länder in diesem gegen den deutschen Imperialismus gerichteten Bündnis. Dies wird besonders deutlich in einer von US-Präsident Franklin Roosevelt abgegebenen Stellungnahme vom 22. Juni 1941: „Wir Amerikaner sind Gegner der kommunistischen Idee und ebenso Gegner der Nazi-Idee. In den 24 Jahren, seit Rußland kommunistisch wurde, sind unsere nationalen Interessen und unsere Lebensweise von den Sowjets niemals ernstlich bedroht worden. Aber in den 2 Jahren, seit Hitler wie besessen darauf aus ist, die Welt zu versklaven, ist unsere ganze Existenz als freies Volk schwer gefährdet... wir sind nicht für Kommunismus, aber wir sind gegen alles, was Hitler repräsentiert. Er und seine gottlosen Nazis bedrohen unmittelbar eine Welt des Friedens, der Gerechtigkeit und Sicherheit. Von seiner Niederlage hängt unsere Sicherheit ab."[1]

Das Interesse der Westmächte an der Gründung einer Anti-Hitler-Koalition bestand also darin, die Neuordnungspläne der deutschen Imperialisten, die ihre eigene kapitalistische Existenz bedrohten, zu verhindern. Um dieses Ziel zu erreichen, waren sie sogar bereit, mit dem Klassenfeind, der Sowjetmacht, zusammenzuarbeiten.

Als dann nun mit der bedingungslosen Kapitulation des Deutschen Reiches die gemeinsame Grundlage für die Anti-Hitler-Koalition beseitigt worden war, zeichnete sich alsbald ihr Ende ab. Denn für die zukünftigen Pläne der Westalliierten war dieses Bündnis aufgrund der veränderten Bedingungen inzwischen sogar zum Hindernis geworden. Ihr Kampf gegen den deutschen Faschismus war keineswegs ein Kampf gegen den Imperialismus an sich. Die Weltherrschaftspläne des deutschen Finanz- und Monopolkapitals richteten sich gleichzeitig gegen die Interessen der USA und der anderen kapitalistischen Länder. Das faschistische Deutschland hatte ja zuerst kapitalistische Länder wie Frankreich und Norwegen überfallen. Zugleich trug der Krieg der USA gegen den Faschismus der weit verbreiteten antifaschistischen Stimmung der eigenen Bevölkerung und der internationalen Öffentlichkeit Rechnung. Die Sowjetunion hatte sich im Zweiten Weltkrieg durch ihre ausschlaggebende Rolle bei der Zerschlagung der faschistischen Armeen bei den Völkern großes Ansehen erworben – vor allem auch in den USA. Diese und andere Faktoren erschwerten es den Westmächten, sich von ihren Verpflichtungen aus der Anti-Hitler Koalition zu lösen und sofort einen antisowjetischen Kurs einzuschlagen.

Auf diesem Hintergrund wurde am 2. August 1945 das Potsdamer Abkommen beschlossen, in dem die USA, England und die UdSSR die Bedingungen für eine friedliche Entwicklung Deutschlands festlegten. Darin wurde bestimmt: „Der deutsche Militarismus und Nazismus werden ausgerottet, und die Alliierten treffen nach gegenseitiger Vereinbarung in der Gegenwart und in Zukunft auch andere Maßnahmen, die notwendig sind, damit Deutschland niemals mehr seine Nachbarn oder die Erhaltung des Friedens in der ganzen Welt bedrohen kann... In praktisch kürzester Frist ist das deutsche Wirtschaftsleben zu dezentralisieren mit dem Ziel der Vernichtung der bestehenden übermäßigen Konzentration der Wirtschaftskraft, dargestellt insbesondere durch Kartelle, Syndikate, Trusts und andere Monopolvereinigungen."[2] Speziell zur Entflechtung der IG-Farben AG wurde von den Alliierten am 30. November 1945 ein Gesetz erlassen, das die Kontrolle und Behandlung des IG-Farben Vermögens festlegte[3]:

„Gesetz Nr. 9 (des Alliierten Kontrollrates in Deutschland) Beschlagnahme und Kontrolle des Vermögens der IG Farbenindustrie

30. November 1945

Um jede künftige Bedrohung seiner Nachbarn oder des Weltfriedens durch Deutschland unmöglich zu machen, und mit Rücksicht auf die Tatsache, daß die IG-Farbenindustrie sich wissentlich und in hervorragendem Maße mit dem Ausbau und der Erhaltung des deutschen Kriegspotentials befaßt hat, erläßt der Kontrollrat das folgende Gesetz:

Artikel I

Die gesamten in Deutschland gelegenen industriellen Anlagen, Vermögen und Vermögensbestandteile jeglicher Art, die am 8. Mai 1945 oder nach diesem Zeitpunkt im Eigentum oder unter der Kontrolle der IG-Farbenindustrie AG standen, sind hiermit beschlagnahmt, und alle diesbezüglichen Rechte gehen auf den Kontrollrat über.

Artikel II

Zwecks Kontrolle der beschlagnahmten industriellen Anlagen, Vermögen und Vermögensbestandteile, die ehemals der IG-Farbenindustrie gehörten, wird ein Ausschuß gebildet; dieser besteht aus 4 Kontrollbeamten, die jeweils von ihren Zonenbefehlshabern ernannt werden. Grundsätzliche Richtlinien, auf die sich der Ausschuß namens des Kontrollrates geeinigt hat, werden in jeder Zone von dem Befehlshaber durch seinen Kontrollbeamten durchgeführt.

Artikel III

In bezug auf die industriellen Anlagen, Vermögen und Vermögensbestandteile und den Betrieb der IG-Farbenindustrie AG sollen durch den Ausschuß folgende Endziele verwirklicht werden:

a) Bereitstellung von industriellen Anlagen und Vermögensbestandteilen für Reparationen;

b) Zerstörung derjenigen industriellen Anlagen, die ausschließlich für Zwecke der Kriegsführung benutzt wurden;

c) Aufspaltung der Eigentumsrechte an den verbleibenden industriellen Anlagen und Vermögensbestandteilen;

d) Liquidierung aller Kartellbeziehungen;

e) Kontrolle aller Forschungsarbeiten;

f) Kontrolle der Produktionstätigkeit.

Mit den industriellen Anlagen, die nach dem Bericht des Ausschusses entweder für Reparationen oder für Zerstörung zur Verfügung stehen, wird in üblicher Weise verfahren.

Artikel IV

Alle Handlungen und Maßnahmen, die bisher von den Zonenbefehlshabern und ihren Kontrollbeamten im Zusammenhang mit der Beschlagnahme, Verwaltung, Leitung und Kontrolle der IG-Farbenindustrie AG in ihren Zonen durchgeführt wurden, sind hiermit genehmigt, gebilligt und bestätigt.

Ausgefertigt in Berlin, den 30. November 1945"

Daß diese Abkommen auch den Interessen des deutschen Volkes entsprachen, belegt z.B. die Volksabstimmung in Sachsen vom 30. Juni 1946. Die Frage: „Stimmen Sie dem Gesetz über die Übergabe von Betrieben von Kriegs- und Naziverbrechern in das Eigentum des Volkes zu?" wurde von 77,6 Prozent der Wähler bejaht.[4] Auch in den westlichen Besatzungszonen gab es Abstimmungen mit ähnlichen Ergebnissen. So sprachen sich z.B. in Hessen 71,9 Prozent der Wähler für eine Überführung der Schlüsselindustrien in Gemeineigentum aus.[5]

Die Verwirklichung solcher Maßnahmen lag nun verständlicherweise nicht im Interesse des hinter den Westalliierten stehenden Kapitals, insbesondere des US-Kapitals. Deshalb versuchten dann auch die mächtigsten Vertreter des amerikanischen Monopolkapitals, einen möglichst großen Einfluß auf die amerikanische Militärregierung zu erlangen, um bei den bevorstehenden Prozessen gegen die führenden Kriegsverbrecher, insbesondere aus den Reihen der IG-Farben Kapitalisten, den Ausgang dieser Prozesse in ihrem Interesse beeinflussen zu können.

Um das Interesse besonders des US-Kapitals an einer Verhinderung u. a. der Prozesse gegen führende IG-Farben Vertreter verstehen zu können, ist es notwendig, nochmals kurz auf die Geschichte der internationalen Geschäftsbeziehungen des IG-Farben Konzerns einzugehen[6]: Bereits vor Beginn des Zweiten Weltkrieges befanden sich 15 Prozent der IG-Farben Aktien in ausländischen Händen.[7] Des weiteren war die IG-Farben an zahlreichen ausländischen Unternehmungen beteiligt und es bestand auf Teilgebieten auch eine Zusammenarbeit mit Konzernen in anderen Ländern, insbesondere zwischen der IG-Farben und den USA. Verwiesen sei in diesem Zusammenhang nur auf freundschaftliche Geschäftsbeziehungen zwischen der IG-Farben und amerikanischen Unternehmungen wie STANDARD OIL CO., FORD oder die Privatbank DILLON, READ & COMPANY. Solche Beziehungen entstanden teilweise durch Aktienanteile, aber auch durch Kartellabsprachen, Anleihen oder Patente. Schon während des Krieges führten diese Verbindungen dazu, daß in West- und Süddeutschland die Industrieanlagen der IG-Farben – ausgenommen jener, die ausschließlich für die Kriegsproduktion erstellt waren – von Bombenangriffen meist verschont blieben.[8] Es war von daher auch nicht zu erwarten, daß ein ebenfalls imperialistisches Land wie die USA, welches den Interessen seiner mächtigsten Monopole auch in einem bürgerlich-demokratischen Staat gerecht werden konnte,

Die amerikanischen Verbündeten der I.G. Farbenindustrie

aus: G. Baumann: Atlantikpaket der Konzerne, Berlin 1952

was während der ersten Weltwirtschaftskrise dem Deutschen Reich nicht möglich gewesen ist – ein Interesse an der Verurteilung führender IG-Kapitalisten hatte. Das war auch den führenden IG-Vertretern selbst bewußt. Denn nicht umsonst befanden sie sich allesamt bei ihrer Verhaftung in einer der westlichen Besatzungszonen und nicht in der damaligen Ostzone. Sie waren sich der Tatsache bewußt, daß es in den Westzonen zu keiner größeren Verurteilung ihrer Person kommen konnte. In diesem Sinne empfing z. B. auch Georg von Schnitzler die amerikanischen Besatzer mit folgenden Worten: „Meine Herren, es wird mir ein aufrichtiges Vergnügen sein, wieder mit ihnen zusammenzuarbeiten."[9]

Dennoch, unter dem starken Druck der Weltöffentlichkeit mußten sich 23 verantwortliche Direktoren der IG-Farben – Carl Krauch, Hermann Schmitz, Georg von Schnitzler, Fritz Gajewski, Heinrich Hörlein, August von Knierim, Fritz ter Meer, Christian Schneider, Otto Ambros, Ernst Bürgin, Heinrich Bütefisch, Paul Häfliger, Max Ilgner, Friederich Jähne, Hans Kühne, Carl Lautenschläger, Wilhelm Mann, Heinrich Oster, Karl Wurster, Walter Dürrfeld, Heinrich Gattineau, Erich von der Heyde und Hans Kugler[10] – wegen begangener Kriegsverbrechen vor dem amerikanischen Militärgerichtshof in Nürnberg verantworten.

Zu Beginn des IG-Farben-Prozesses ist dann auch noch der „Geist des großen gerechten Kampfes der Völker gegen den barbarischen Faschismus"[11] vorherrschend. Deutlich geprägt davon ist die am 27. August 1946 gehaltene Eröffnungserklärung des amerikanischen Hauptanklägers, General Taylor, in der dieser die Haltung der Angeklagten während des Faschismus mit folgenden Worten kennzeichnete: „Die Verbrechen, deren diese Männer beschuldigt sind, wurden nicht in Wut begangen oder unter dem ungestümen Druck plötzlicher Versuchung; es waren nicht die Fehltritte sonst rechttuender Menschen. Eine solche riesige Kriegsmaschinerie wird nicht in einem Anflug von

Leidenschaft aufgebaut, noch eine Auschwitzer Fabrik in einem vorübergehenden Anfall von Brutalität. Was diese Männer taten, geschah mit äußerster Überlegung und würde – ich wage dies anzunehmen – wenn sich die Gelegenheit dazu böte, noch einmal getan werden. Die rücksichtslose Zielstrebigkeit, mit der die Angeklagten den Kurs ihres Verhaltens festlegten, wird nicht zu verkennen sein."[12]

Die Bemühungen der amerikanischen Geschäftsfreunde der IG-Farben Vertreter zeigten jedoch bereits schon bald die ersten Erfolge. Die für sie typische Bemerkung: „Wie kann man von uns erwarten, die Deutschen für Dinge zu bestrafen, die wir an ihrer Stelle auch getan hätten?"[13], hatte sich inzwischen auch bei der amerikanischen Anklage durchgesetzt. So heißt es dann in einer geheimen Denkschrift des amerikanischen Hauptanklägers im Hauptkriegsverbrecherprozeß, Robert H. Jackson, vom 7. Oktober 1946: „Ich bin gegen derartige weitere Prozesse und kann sie der Regierung der USA nicht empfehlen. Von unserem amerikanischen Standpunkt aus bringt ein solcher Prozeß gegen die Industriellen nur sehr wenig Nutzen; das Risiko hingegen, das wir mit ihm laufen, kann ungeheuer groß werden. Ich hege die Befürchtung, daß eine sich über lange Zeit erstreckende öffentliche Attacke gegen die Privatindustrie – und zu einer solchen würde es im Laufe dieses Prozesses kommen – den Industriekartellen den Mut nehmen könnte, weiterhin mit unserer Regierung im Rahmen der Rüstungsmaßnahmen, die im Interesse unserer zukünftigen Verteidigung getroffen werden müssen, zusammenzuarbeiten."[14]

Da es auch für die amerikanischen Geschäftsfreunde der IG-Farben klar war, daß der Prozeß gegen führende IG-Farben Vertreter auf keinen Fall verhindert werden konnte, versuchten sie zumindest auf den Verlauf und den Ausgang dieses Prozesses einzuwirken. Dazu war es notwendig, einen möglichst großen Einfluß auf die Auswahl der Richter im IG-Farben-Prozeß zu erlangen. Und genau hier wurden dann auch die amerikanischen Geschäftspartner der IG-Farben aktiv. Der Leiter des größten IG-Betriebes in den Vereinigten Staaten, James Forrestal, der gleichzeitig Präsident der US-Privatbank DILLON, READ & COMPANY war, wurde 1947 Kriegsminister in den USA.[15] Dieser James Forrestal beauftragte nun den Rechtsanwalt Howard Peterson mit der Auswahl der Richter für den IG-Farben-Prozeß in Nürnberg. Dabei handelte es sich um jenen Anwalt Peterson, der bereits vor dem Zweiten Weltkrieg die wichtigsten Prozesse für den IG-Farben Konzern in den USA führte.[16]

Durch solche Maßnahmen wurde natürlich der IG-Farben-Prozeß allmählich zur bloßen Farce. Die Richter versuchten mit juristischen Tricks jegliche eigene Verantwortung von den Angeklagten abzuweisen. Sie akzeptierten deren Vorwände, „unter Druck", „auf Befehl" oder „im Auftrag" gehandelt zu haben. In Anbetracht des zahlreich vorhandenen Beweismaterials gelang es jedoch nicht, die führenden IG-Farben Vertreter in allen Anklagepunkten freizusprechen. Aber bei der Beurteilung der Verantwortlichkeit führender IG-Farben Kapitalisten für die Vergasung von Menschen z. B. wurden solche Grundsätze erstellt, die es erlaubten, „jedermann freizusprechen, es sei denn, es hätte ein mündliches oder schriftliches Eingeständnis vorgelegen oder ein eigenständig unterzeichneter Mordbefehl".[17] Mit diesen Hintergründen wird dann auch verständlich, daß Hermann Schmitz, der seine Tätigkeit innerhalb der IG-Farben äußerst geheim hielt, in fast allen Punkten freigesprochen werden mußte. Aber die amerikanischen Geschäftsfreunde der IG-Farben setzten sich zusätzlich dafür ein, daß deren führende Vertreter selbst die äußerst geringen Strafen, die zwischen 1$^1/_2$ und 8 Jahren Gefängnis lagen[18], nicht vollständig abzusitzen brauchten, sondern frühzeitig amnestiert wurden. Es waren also das „Einvernehmen zwischen den Angehörigen der internationalen Ausbeuterclique und ihre gemeinsame Verschwörung zur

Verhinderung von Dekartellisierungsmaßnahmen... die Ursachen der Amnestierung der Hauptkriegsverbrecher Flick, Schmitz, Schnitzler, Schacht, Krupp, Röchling u. a.".[19]

1 Jacobsen/Dollinger (Hrsg.), Der Zweite Weltkrieg in Bildern und Dokumenten, Bd. I, Der europäische Krieg 1939–1941, Anmerkung 8, S. 447; zit. nach: Mayer/Stuby (Hrsg.), Die Entstehung des Grundgesetzes, Köln 1976, S. 35.
2 Mitteilung über die Dreimächtekonferenz von Berlin (Potsdamer Abkommen) vom 2. August 1945; abgedruckt in: Vergessene Programme? Oder: Woran CDU, FDP und SPD nicht mehr erinnert werden wollen, Verlag Marxistische Blätter, Frankfurt am Main 1975, S. 24 und 26.
3 Gesetz Nr. 9 zur Beschlagnahme und Kontrolle des Vermögens der IG-Farbenindustrie; abgedruckt in: ebenda, S. 271f und auch Mayer/Stuby, a. a. O., S. 275f.
4 Vgl. Jürgen Räuschel, Die BASF – Zur Anatomie eines multinationalen Konzerns, Köln 1975, S. 22 und ASTA Uni Stuttgart, a. a. O., S. 28.
5 Vgl. Fritz Krause, Antimilitaristische Opposition in der BRD 1949–1955, Frankfurt/M. 1971, S. 8.
6 Zur Geschichte der internationalen Kapitalverflechtungen bietet einen ausgezeichneten Überblick das Buch von G. Baumann, Atlantikpakt der Konzerne, Berlin 1952.
7 Vgl. ebenda, S. 17.
8 Vgl. Mayer/Stuby, a. a. O., S. 38.
9 ASTA Uni Stuttgart, a. a. O., S. 31.
10 Die Aufreihung der Angeklagten entspricht der des Anklägers, vgl. Das Urteil im IG-Farben-Prozeß, a. a. O., S. IX.
11 Vorwort zur deutschen Ausgabe von Richard Sasulys Buch IG-Farben von Siegbert Kahn; in: Richard Sasuly, a. a. O., S. 5.
12 Zit. nach: Die Wirtschaft, Berlin, 2. Jahrgang 1947, S. 345.
13 Richard Sasuly, a. a. O., S. 220.
14 Jerzy Sawicki, Als sei Nürnberg nie gewesen..., Berlin 1958, S. 41; zit. nach: Hans Radandt, a. a. O., S. 11.
15 Vgl. ASTA Uni Stuttgart, a. a. O., S. 31.
16 Vgl. ebenda.
17 Jürgen Räuschel, a. a. O., S. 23.
18 Vgl. Das Urteil im IG-Farben-Prozeß, a. a. O., S. XV.
19 G. Baumann, Atlantikpakt der Konzerne, a. a. O., S. 20.

Restaurierung der Macht der IG-Farben

Obwohl nach dem Sieg der Anti-Hitler-Koalition der während der faschistischen Diktatur unterdrückte Klassenkampf wieder hervorbrach, gelang es der Arbeiterklasse in den westlichen Besatzungszonen nicht, die Alliierten zur Verwirklichung der im Potsdamer Abkommen festgelegten Beschlüsse zu bewegen. Auf Druck des hinter den Westalliierten stehenden internationalen Kapitals wurde schon sehr schnell mit der Verhinderung der im Potsdamer Abkommen festgelegten Entflechtung der IG-Farben begonnen. „Knapp einen Monat nach der Unterzeichnung des Potsdamer Abkommens ernannte Drapper (der Leiter der US-Wirtschaftsabteilung im Kontrollrat – K.S.) einen ‚Ausschuß für deutsche Lebenshaltung', der daran ging, alle Beschlüsse von Potsdam auf den Kopf zu stellen und sie unwirksam zu machen."[1]

Auf Druck amerikanischer Trusts wie GENERAL ELECTRIC oder STANDARD OIL wurde die Arbeit der Entkartellisierungsbehörde schließlich unmöglich gemacht. Das Ziel ihres Chefs, Oberst Bernstein, die Verbrechen der IG-Farben genau zu studieren, führte zu seiner Absetzung. Sein Stellvertreter Russel A. Nixon trat am 25. Februar 1946 ebenfalls zurück. Diesen Schritt begründete er dann mit der Tatsache, daß „auf jeder Stufenleiter der Hierarchie der amerikanischen Militärregierung ...verantwortliche Offiziere sich der Entnazifizierung widersetzen mit der Begründung, daß wir ein Bollwerk gegen den Bolschewismus und Rußland errichten müssen".[2]

Maßnahmen, wie die im Potsdamer Abkommen vorgesehene Vernichtung des Rüstungspotentials des deutschen Imperialismus, wurden in den Westzonen inkonsequent durchgeführt. So belegt z.B. ein geheimes Memorandum der Leitung der BASF zur „Entwicklung der Demontagefrage"[3], daß 1947 ganze 59 kriegswichtige Anlagen zur Demontage vorgesehen waren. Durch zahlreiche Verhandlungen wurden nochmals 46 Anlagen fallengelassen. Aber selbst bei den noch verbleibenden 13 Anlagen kann man nicht von einer Demontage sprechen. Vielmehr wurden hier lediglich einige wenige, leicht ersetzbare Apparate und Laboreinrichtungen entfernt. Die Westalliierten begannen also ziemlich schnell, eine politische Neuordnung und grundlegende Demokratisierung von Wirtschaft und Gesellschaft, wie sie im Potsdamer Abkommen vorgesehen waren, zu verhindern. Entgegen den Bestimmungen des Kontrollratgesetzes Nr. 9 vom 30. November 1945 blieben die Eigentumsverhältnisse der IG-Farben in den westlichen Besatzungszonen unangetastet. Daß damit die Westalliierten nicht im Interesse der arbeitenden Bevölkerung handelten, belegen die Forderungen der westdeutschen Gewerkschaften bezüglich der Umgestaltung der IG-Farben AG. In einer Erklärung dazu wird zunächst ebenfalls festgestellt, „daß entgegen dem ursprünglichen Kontrollratgesetz Nr. 9 nicht einheitlich vorgegangen werde, sondern daß die Mil.-Reg. in jeder Zone nach ganz verschiedenen Methoden die ehemaligen IG-Betriebe bewirtschafteten".[4] Weiter wird in dieser Erklärung ausgeführt, daß „rund die Hälfte der IG-Betriebe und das dementsprechende Vermögen in der Ostzone (liegen), wo die Werke längst aufgeteilt und in Sowjet-AG's oder volkseigene Betriebe umgewandelt wurden. Die hier von den Gewerkschaften geforderte Neuregelung kann sich daher nur auf die in der Bundesrepublik liegenden Betriebe der IG-Farben beziehen... Die Gewerkschaften gehen dabei von folgenden Grundsätzen aus:

1. Die Zusammenballung wirtschaftlicher Macht in den Händen von Kartellen, Trusts und Monopolen muß gebrochen und ihre Wiederherstellung verhindert werden.

2. Der technische Fortschritt, der besonders in der chemischen Industrie in hohem Maße durch die Verbundwirtschaft und Gemeinwirtschaft zwischen den Betrieben erreicht worden ist, muß erhalten bleiben.

3. Dementsprechend muß eine Neuordnung angestrebt werden, die den beiden Grundsätzen gerecht wird.

...Die Eingliederung der organisierten Arbeitnehmerschaft in Aufsicht und Leitung der neuen Gesellschaften ist die beste Garantie gegen privatwirtschaftlichen Mißbrauch dieses Industriezweiges und für seine demokratische Kontrolle."[5] Um solchen Forderungen zumindest teilweise und formal gerecht zu werden, wurde die IG-Farben AG Anfang der 50er Jahre in 12 Nachfolgegesellschaften aufgeteilt. Dabei wurden dann gleichzeitig 200 000 IG-Patente der ausländischen Konkurrenz zugänglich gemacht, sowie alle international registrierten Warenzeichen beschlagnahmt.[6] Der US-Senator William Benton begründete diese Maßnahmen so: „Die USA fürchten den deutschen Radikalismus weniger als die IG-Farbenindustrie."[7] Es lag also sogar im Interesse der US-Monopole, die die eigenen Profite bedrohende Konkurrenz auszuschalten. Daß diese „Entflechtung" aber auch durchaus nicht im Widerspruch zu den Interessen der IG-Farben Kapitalisten stand, belegt eine Äußerung des ehemaligen IG-Farben Aufsichtsratsmitglied Fritz Reuther, in der es heißt: „Die alte IG hat ja auch organisatorische Mängel gehabt, die... in der zu starken Zentralisierung begründet waren. Es darf daran erinnert werden, daß schon vor Kriegsende Pläne im Schoße der IG-Farben selbst entwickelt wurden, die auf eine Aufspaltung und Dezentralisierung hinausgingen."[8] Die Veränderung der Existenzbedingungen des deutschen Imperialismus selbst bewirkten also demnach eine Neuorganisierung der IG-Farben. Gleichzeitig mußte aber im Interesse der IG-Farben Kapitalisten die alte IG-Farben sogar noch weiterbestehen. In seiner Apologie auf den Chemiegiganten schreibt W. O. Reichelt hierzu: „Die Löschung des Namens (der IG-Farben AG – K. S.) im Handelsregister wird nicht erfolgen können, weil die Firma als solche mit Rücksicht auf ihren in der sowjetischen und polnischen Zone liegenden Vermögensbesitz erhalten bleiben muß. Die Verfügung über diesen gewaltigen Vermögensbereich ist jedoch erst nach dem Tage X der Wiedervereinigung einigermaßen übersehbar."[9] Die IG-Farben Kapitalisten bzw. ihre Nachfolger vertraten also weiterhin eine revanchistische Großraumpolitik, so – als ob es nie ein 1945 gegeben hätte. Und auch die Rüstungsproduktion wurde in den Westzonen sehr schnell wieder zu einem profitbringenden Bestandteil in der Wirtschaft. „Das schwere Explosionsunglück in der BASF am 28. Juli 1948, bei dem 270 Tote und 3 800 Schwerverletzte zu beklagen waren, lenkte die Aufmerksamkeit der Weltöffentlichkeit darauf, daß bereits damals in Ludwigshafen unter französischer Verwaltung wieder hochexplosive Stoffe hergestellt wurden."[10] Und so befinden sich dann bereits 1959 unter den fünf kapitalstärksten Unternehmen in der Bundesrepublik alleine drei Nachfolgegesellschaften der IG-Farben AG, die Firmen BAYER, BASF und HOECHST.[11]

Die BAYER AG beteiligte sich auch am Vietnam Krieg. Über ihre US-Tochtergesellschaft, die CHEMARGO CORPORATION, lieferte sie Kampfgase an die US-Armee, die in Vietnam eingesetzt wurden.[12] Die französische Zeitschrift „France Nouvelle" enthüllte in ihrer Ausgabe vom 30. Juni 1965, daß bereits seit 1947 in Westdeutschland von den IG-Giftgasspezialisten unter dem Deckmantel des Pflanzenschutzes und der Insektenbekämpfung wieder chemische Kampfstoffe entwickelt werden.[13] Im BAYER-Forschungszentrum von Wuppertal-Elberfeld arbeiteten Dr. Cross, Dr. Wirth, Dr. Schrader und Dr. Ambros an der Entwicklung von sogenannten Vietnam-Gasen.[14] Dabei handelt es sich um jenen Otto Ambros, der bereits in IG-Auschwitz Betriebsführer war.

Und selbstverständlich dürfen im Südafrika der Rassisten, das wegen seiner Apartheitpolitik von der ganzen Welt und von den Vereinten Nationen verurteilt wird, die IG-Farben Nachfolger nicht fehlen. „55 Prozent der bei der BASF-SOUTH AFRICA (PTY) Ltd. angestellten Arbeiter werden unter der sogenannten ‚Minimum Poverty Line‘, dem Existenzminimum bezahlt."[15] Die Londoner Zeitschrift „Eastern World" schreibt in ihrer Ausgabe für Juli/August 1966: „Die BAYER-WERKE haben in Südafrika in der Nähe von Johannesburg eine Fabrik zur Herstellung von Kampfgasen gebaut... Gemeinsam mit ihren amerikanischen Kollegen sind die deutschen Experten dabei, im Laboratorium der US-Armee für chemische Forschung in Edgewood, im Forschungszentrum für bakteriologische Kriegsführung in Camp Detrick (Maryland) sowie in anderen Institutionen neue Typen von chemischen Waffen zu entwickeln und die Methoden ihrer Anwendung zu verbessern."[16] Und nach dem Militärputsch der faschistischen Junta in Chile schrieb der Leiter der chilenischen Niederlassung der FARBWERKE HOECHST an die Zentrale in Frankfurt, daß „Chile... in Zukunft ein für Hoechster Produkte zunehmend interessanter Markt sein (wird)".[17] Während Junta-Chef General Pinochet dem ausländischen Kapital Profite zusichert („Wir wollen Rentabilität und Sicherheit... für ausländische Investoren gewährleisten".[18]), organisiert das faschistische Militär zur Durchsetzung dieser Profite den Krieg gegen das eigene Volk.

Die wohl treffendste Charakterisierung dieser Politik des Kapitals finden wir bei Karl Marx: „Die tiefe Heuchelei der bürgerlichen Civilis nation und die nicht von ihr zu trennende Barbarei liegen unverschleiert vor unseren Augen, sobald wir den Blick von ihrer Heimat, in der sie unter respektablen Formen auftreten, nach den Kolonien wenden, wo sie sich in ihrer ganzen Nacktheit zeigen."[19]

Wir haben bereits im vorigen Kapitel aufgezeigt, daß es zu keiner größeren Verurteilung führender Männer aus den

Reihen der IG-Farben wegen Kriegsverbrechen gekommen ist. Die vor dem Nürnberger Militärgerichtshof angeklagten Vertreter des IG-Farben Konzerns haben heute nach wie vor leitende Funktionen in Wirtschaft und Staat inne. „Es ist kein Fall bekannt, daß IG-Führungskräfte aufgrund ihrer Teilnahme an Kriegsverbrechen und Verbrechen gegen die Menschlichkeit daran gehindert wurden, erneut Macht- und Führungspositionen im Bonner Staat einzunehmen."[20] Für ihre Tätigkeit nach 1945 werden führende IG-Farben-Vertreter heute sogar wieder geehrt. Das ehemalige Vorstandsmitglied Fritz Gajewski erhielt 1953 von der Bundesregierung das „Große Bundesverdienstkreuz" verliehen. Ebenso erhielt Vorstandsmitglied Heinrich Bütefisch, der schon wegen seiner Beteiligung bei der Vorbereitung und Durchführung des Zweiten Weltkrieges mit dem „Kriegsverdienstkreuz I. und II. Klasse" ausgezeichnet wurde, diesen Orden der Bundesrepublik. Jener Heinrich Bütefisch, der u. a. verantwortlich war für den Leuna Teil in IG-Auschwitz und der die IG-Farben AG im „Freundeskreis des Reichsführers SS" vertrat. Aber nach 16 Tagen mußte Bütefisch das „Große Bundesverdienstkreuz" wieder an den Bundespräsidenten zurückgeben. Einige verantwortungsbewußte Bürger in unserem Lande haben das Bundespräsidialamt auf die politische Vergangenheit von Bütefisch während der faschistischen Diktatur hingewiesen.[21] Nicht soviel Pech hatte das ehemalige Vorstandsmitglied der IG-Farben Carl Wurster. Jener, der u. a. die Interessen der IG-Farben im Verwaltungsrat der DEGESCH mbH, also dem Hersteller des Giftgases Zyklon B, vertrat, wurde für seine Tätigkeit als Vorsitzender des Aufsichtsrates der BASF 1955 mit dem „Großen Bundesverdienstkreuz" und 1963 mit dem „Großen Bundesverdienstkreuz mit Stern und Schulterband" ausgezeichnet. 1974 beging Carl Wurster sein fünfzigjähriges Jubiläum im Dienste der BASF. In einer Würdigung seiner Verdienste erklärte der Vorstandsvorsitzende der BASF, Prof. Bernhard Timm: „Für uns sind und bleiben Sie eine der ganz großen Persönlichkeiten in der Geschichte der BASF."²²

Zusammenfassend können wir festhalten: ausschlaggebend für die organisatorische und auch personelle Restauration der IG-Farben waren die gemeinsamen imperialistischen Gesamtinteressen und die damit verbundene antikommunistische Zielsetzung. Sie verhinderten eine Verwirklichung der im Potsdamer Abkommen festgelegten Beschlüsse zur Demokratisierung von Wirtschaft, Gesellschaft und Staat. Die Macht in der Bundesrepublik übten alsbald wieder Banken und Monopole aus. Es gab keine Beseitigung der Wurzeln des Faschismus. Bis heute erfolgte denn auch in unserem Lande keine wirkliche Bewältigung der faschistischen Vergangenheit.

1 Richard Sasuly, a.a.O., S. 220.
2 ASTA Uni Stuttgart, a.a.O., S. 31.
3 Vgl. zu den folgenden Ausführungen Jürgen Räuschel, a.a.O., S. 21.
4 Der Bund, Köln, 3. Jahrgang 1949, Nr. 24, S. 1.
5 Ebenda.
6 Vgl. Jürgen Räuschel, a.a.O., S. 24.
7 Der Spiegel, Hamburg, Nr. 7/1966, S. 55; zit. nach: Jürgen Räuschel, a.a.O., S. 24f.
8 Gerhard Kegel, Ein Vierteljahrhundert danach – Das Potsdamer Abkommen und was daraus geworden ist, 2. Aufl., Berlin 1971, S. 106; zit. nach: Jürgen Räuschel, a.a.O., S. 21.
9 W.O. Reichelt, a.a.O., S. 12.
10 ASTA Uni Stuttgart, a.a.O., S. 33.
11 Vgl. Gisela Kahl, a.a.O., S. 21.
12 Vgl. Arbeitsgruppe der ehemaligen Häftlinge... Dokumente III, a.a.O., S. 62.
13 Vgl. ebenda, S. 62f.
14 Vgl. ASTA Uni Stuttgart, a.a.O., S. 35.
15 Ebenda.

16 Eastern World, Ausgabe Juli/August 1966; zit. nach: ASTA Uni Stuttgart, a.a.O., S. 35.
17 Bartsch/Buschmann/Stuby/Wulff (Hrsg.), Chile – ein Schwarzbuch, Köln 1974, S. 101.
18 Die Welt vom 6.10.1973; zit. nach: Peter C. Walther, Ist Chile bei uns möglich?, Frankfurt 1973, S. 19.
19 Marx/Engels, Werke, Bd. 9, Berlin 1960, S. 225.
20 Arbeitsgruppe der ehemaligen Häftlinge... Dokumente III, a.a.O., S. 55.
21 Vgl. dazu: Der Spiegel, Nr. 15/1964, S. 22ff.
22 Mannheimer Morgen vom 7.3.1974; zit. nach: Jürgen Räuschel, a.a.O., S. 24.

Literaturnachweis

Adler/Langbein/Lingens-Reiner (Hrsg.): Auschwitz – Zeugnisse und Berichte, Frankfurt/Main 1962

Arbeitsgemeinschaft der chemischen Industrie: Das Nürnberger Urteil gegen die IG-Farbenindustrie, eine Stellungnahme, Frankfurt/Main 1948

Arbeitsgruppe der ehemaligen Häftlinge des Konzentrationslagers Auschwitz beim Komitee der Antifaschistischen Widerstandskämpfer in der DDR (Hrsg.): IG-Farben, Auschwitz, Massenmord – Dokumente I zum Auschwitz-Prozeß, Berlin 1964

Arbeitsgruppe der ehemaligen Häftlinge des Konzentrationslagers Auschwitz beim Komitee der Antifaschistischen Widerstandskämpfer in der DDR (Hrsg.): IG-Farben, Auschwitz, Experimente – Dokumente III zum Auschwitz-Prozeß, Berlin 1965

ASTA Uni Stuttgart/AK Geschichte der IG-Farben: Die IG-Farben – die unschuldigen Kriegsplaner, Stuttgart o.J.

Bartsch/Buschmann/Stuby/Wulff (Hrsg.): Chile – ein Schwarzbuch, Köln 1974

Baumann, G.: Atlantikpakt der Konzerne – Die internationale Kapitalverflechtung in Westdeutschland, Berlin 1952

Baumann, G.: Eine Handvoll Konzernherren, Berlin 1953

Brüdigam, Heinz: Das Jahr 1933 – Terrorismus an der Macht, Frankfurt/Main 1978

Brüning, Heinrich: Memoiren 1918–1934, Stuttgart 1970

Carlebach, Emil: Von Brüning zu Hitler – Das Geheimnis faschistischer Machtergreifung, 2. Aufl., Frankfurt/Main 1974

Czichon, Eberhard: Wer verhalf Hitler zur Macht? – Zum Anteil der deutschen Industrie an der Zerstörung der Weimarer Republik, Köln 1967

Czichon, Eberhard: Der Primat der Industrie im Kartell der nationalsozialistischen Macht, abgedruckt in: Das Argument, Nr. 47, Karlsruhe Juli 1968

Czichon, Eberhard: Der Bankier und die Macht – Hermann Josef Abs in der deutschen Politik, Köln 1970

Dimitroff, Georgi: Die Offensive des Faschismus und die Aufgabe der kommunistischen Internationale – Referat auf dem VII. Weltkongreß der Komintern 1935 in Moskau, abgedruckt in: VII. Weltkongreß der kommunistischen Internationale – Referate, Aus der Diskussion, Schlußwort, Resolutionen; Verlag Marxistische Blätter, Frankfurt am Main 1971.

Das Urteil im IG-Farben Prozeß, der vollständige Wortlaut mit Dokumentenanhang, Offenbach/Main 1948

Eichholtz, Dietrich: Geschichte der deutschen Kriegswirtschaft, Bd. I 1939–1941, Berlin 1971

Eichholtz/Schumann (Hrsg.): Anatomie des Krieges, Berlin 1969

Eichholtz/Gossweiler: Politik und Wirtschaft 1933–1945, abgedruckt in: Das Argument Nr. 47, Karlsruhe 1968

Fédération Internationale des Résistants/Internationales Buchenwald Komitee/Komitee der antifaschistischen Widerstandskämpfer in der DDR (Hrsg.): Buchenwald – Mahnung und Verpflichtung, 3. Aufl., Berlin 1961

Früholz, Karl: Das System der Zwangsarbeit in den Betrieben der IG-Farbenindustrie Aktiengesellschaft unter den Bedingungen des staatsmonopolistischen Kapitalismus während der Vorbereitung und Durchführung des Zweiten Weltkrieges, Berlin 1964 (Dissertation)

Gossweiler, Kurt: Ökonomie und Politik in Deutschland 1914–1932, Berlin 1971

Gossweiler, Kurt: Faschismus und antifaschistischer Kampf, Frankfurt/Main 1978

Halfmann, Dieter: Der Anteil der Industrie und Banken an der faschistischen Innenpolitik, Köln 1974

Hautsch, Gert: Faschismus und Faschismusanalysen – Zur Auseinandersetzung mit einigen Theorien und Pseudo-Theorien, Frankfurt/Main 1974

Historische Gedenkstätte des Potsdamer Abkommens Cecilienhof, Potsdam/Institut für internationale Politik und Wirtschaft, Berlin (Hrsg): Das Potsdamer Abkommen – Dokumentensammlung, Berlin 1975

Historisches Museum Frankfurt: Historische Dokumentation 20. Jahrhundert – Informationsblätter der Abteilungen 50 bis 55, Frankfurt/Main 1976

Höß, Rudolf: Kommandant in Auschwitz, Stuttgart 1958

IG-Farbenindustrie AG (Hrsg.): Werksgeschichte 1863–1938, München 1938

IG-Farbenindustrie AG (Hrsg.): Erzeugnisse unserer Arbeit, Frankfurt/Main 1938

Kahl, Gisela: Zu den Kriegsvorbereitungen und der Kriegsdurchführung des IG-Farben-Konzerns in zwei Weltkriegen, Jena 1960

Kaul, F. K.: Ärzte in Auschwitz, Berlin 1968

von Knierim, August: Nürnberg – rechtliche und menschliche Probleme, Stuttgart 1953

Kogon, Eugen: Der SS-Staat – Das System der deutschen Konzentrationslager, Berlin 1946

Kraus/Kulka: Massenmord und Profit, Berlin 1963

Krause, Fritz: Antimilitaristische Opposition in der BRD 1949–55, Frankfurt/Main 1971

Krause, Fritz: Vergessene Programme? oder: woran CDU, FDP und SPD nicht mehr erinnert werden wollen – Vorstellungen zum Neubeginn 1945, Frankfurt/Main 1975

Kuczynski, Jürgen: Die Geschichte der Lage der Arbeiter unter dem Kapitalismus, Bd. VI, Berlin 1964

Kuczynski, Jürgen: Die Geschichte der Lage der Arbeiter unter dem Kapitalismus, Bd. V, Berlin 1966

Kuczynski, Jürgen: Die Geschichte der Lage der Arbeiter unter dem Kapitalismus, Bd. XVI, Berlin 1963

Kuczynski, Jürgen: Die Verflechtung von Sicherheitspolizeilichen und wirtschaftlichen Interessen bei der Einrichtung und im Betrieb des KZ Auschwitz und seiner Nebenlager, Berlin 1964

Kühnl, Reinhard: Formen bürgerlicher Herrschaft I, Liberalismus – Faschismus, Hamburg 1971

Kühnl, Reinhard (Hrsg.): Geschichte und Ideologie – kritische Analyse bundesdeutscher Geschichtsbücher, Hamburg 1973

Kühnl, Reinhard (Hrsg.): Der deutsche Faschismus in Quellen und Dokumenten, Köln 1975

Kühnl/Hardach (Hrsg.): Die Zerstörung der Weimarer Republik, Köln 1977

Langbein, Hermann: Der Auschwitz Prozeß – eine Dokumentation, 2 Bde, Wien 1965

Mayer/Stuby (Hrsg.): Die Entstehung des Grundgesetzes – Beiträge und Dokumente, Köln 1976

Nationalrat der nationalen Front des demokratischen Deutschland – Dokumentationszentrum der staatlichen Archivverwaltung der DDR (Hrsg.):

Braunbuch – Kriegs- und Naziverbrecher in der Bundesrepublik in Staat, Wirtschaft, Armee, Verwaltung, Justiz, Wissenschaft, Berlin 1965

Naumann, Bernd: Auschwitz – Bericht über die Strafsache gegen Mulka und andere vor dem Schwurgericht Frankfurt, Frankfurt 1965

Opitz, Reinhard: Der deutsche Sozialliberalismus 1917 – 1933, Köln 1973

Opitz, Reinhard (Hrsg.): Europastrategien des deutschen Kapitals 1900–1945, Köln 1977

Opitz, Reinhard: Über die Entstehung und Verhinderung von Faschismus, abgedruckt in: Das Argument Nr. 87, Berlin 1974

Puchert, Berthold: Fragen der Wirtschaftspolitik des deutschen Faschismus im okkupierten Polen von 1939 bis 1945, mit besonderer Berücksichtigung der IG-Farbenindustrie AG, Berlin 1968 (Dissertation)

Radandt, Hans (Hrsg.): Fall 6 – Ausgewählte Dokumente und Urteil des IG-Farben-Prozesses, Berlin 1970

Räuschel, Jürgen: Die BASF – Zur Anatomie eines multinationalen Konzerns, Köln 1975

Reichel, Karl Hubert: Wie macht man Krieg, wie macht man Frieden, 2. Aufl., Dortmund 1973

Reichelt, W. O.: Das Erbe der IG-Farben, Düsseldorf 1956

Ruge/Schumann (Hrsg.): Dokumente zur deutschen Geschichte 1917–1919, 1919–1923, 1924–1929 und 1929–1933, Berlin 1975

Sasuly, Richard: IG-Farben, New York 1947

Sasuly, Richard: IG-Farben, Berlin 1952 (deutsche Übersetzung)

Sauer, Karl: Die Verbrechen der Waffen-SS, Frankfurt/Main 1977

Schmelzer, Janis: Dies war ein Staatsgeheimnis – ein Blick in die Handakten des ehemaligen Direktors der IG-Farben Agfa-Betriebe, Dr. Fritz Gajewski, Wolfen 1963

Schneider, Hans Werner: Zur Geschichte der Schmitz-Stiftungen, Darmstadt 1976

Schwarz, Goldschmidt & Co.: Die IG-Farbenindustrie AG und ihre Bedeutung, Berlin 1927

Sehn, Jan: Konzentrationslager Auschwitz-Birkenau, Warschau 1957

Smoleń, Kasimierz: Auschwitz 1940–1945 – ein Gang durch das Museum, 4. Aufl., Auschwitz 1970 *ter Meer, Fritz:* Die IG-Farben Industrie Aktiengesellschaft, Ihre Entstehung, Entwicklung und Bedeutung, Düsseldorf 1953

Walther, Peter C.: Ist Chile bei uns möglich? – Reaktionen auf den militärfaschistischen Putsch in Chile. Oder: wie hält es die bundesdeutsche Rechte mit der Demokratie?, Frankfurt/Main 1973

Wickel, Helmut: IG-Deutschland – ein Staat im Staate, Berlin 1932

Die zahlreichen Zeitungs- und Zeitschriftenartikel, die der Verfasser bei der Erstellung dieser Arbeit eingesehen hat, werden aufgrund ihres Umfanges nicht extra aufgeführt.
Soweit sie für den Text von Bedeutung sind, so finden sich ihre bibliographischen Angaben in den jeweiligen Fußnoten.

Der Verfasser

rote-blätter-Abonnenten sparen.
Sie erhalten die roten blätter regelmäßig und pünktlich.

rote-blätter-Abonnenten...

- werden stets brandaktuell über die Aktionen und Forderungen der Studentenbewegung informiert.
- erhalten Informationen über die Kämpfe und Forderungen der Arbeiter aus erster Hand.
- werden mit den neuesten Fakten aus dem realen Sozialismus versorgt.
- erhalten Analysen und Reportagen über die internationale antiimperialistische Bewegung.
- werden über neue interessante Entwicklungen in Politik, Kultur und Gesellschaft informiert.

Erhältlich in allen collectiv-Buchhandlungen. Bestellungen an

rote blätter, Weltkreis-Verlags-GmbH, Postfach 789, 4600 Dortmund

RÖDERBERG-VERLAG

Schumannstraße 56 · 6000 Frankfurt 1
Postfach 4129 · Telefon (06 11) 75 10 46 · Telex 04-14721

NEU

Heinz Brüdigam
DAS JAHR 1933
TERRORISMUS AN DER MACHT
136 Seiten, kartoniert, DM 9,–

BRAUNBUCH
über Reichstagsbrand und Hitler-Terror
■ Röderberg-Reprint
2. Auflage, 388 Seiten kartoniert, DM 15,–

WAFFEN-SS IN DER BRD
Eine Dokumentation der VVN – Bund der Antifaschisten
DIN A 4, 56 Seiten, kart., DM 4,–

Kurt Gossweiler
FASCHISMUS
und antifaschistischer Kampf
Mit einem Aufsatz von Horst Stuckmann
64 Seiten, kartoniert, DM 4,–

**VII. Kongreß der
Kommunistischen Internationale**
Referate und Resolutionen
342 Seiten, Leinen, DM 7,–

Elfriede Lewerenz
**Die Analyse des Faschismus durch die
Kommunistische Internationale**
244 Seiten, Paperback, DM 8,50

**Die Brüsseler Konferenz der
Kommunistischen Partei Deutschlands**
3.–15. Oktober 1935
621 Seiten, Leinen, DM 12,80

**Die Berner Konferenz der
Kommunistischen Partei Deutschlands**
152 Seiten, Leinen, DM 4,50

Rudolf Breitscheid
Antifaschistische Beiträge 1933–1939
136 Seiten, Paperback, DM 8,–

Ernst Thälmann
**Ausgewählte Reden und Schriften
in zwei Bänden**
Band 1: 1925–1930. 309 Seiten, Tb., DM 7,50
Band 2: 1931–1934. 407 Seiten, Tb., DM 7,50

Manfred Weißbecker
Entteufelung der braunen Barbarei
Zu einigen neueren Tendenzen in der Geschichtsschreibung der BRD über Faschismus und faschistische Führer.
Kbl. 51, 122 Seiten, DM 5,50

Verlag Marxistische Blätter GmbH